ANIMAL LAND
INTERNATIONAL CIRCUIT

いなほ保育園の十二ヶ月

北原和子
聞き書き　塩野米松

岩波書店

北原和子さんといなほ保育園

——聞き書き者まえがき——

初めていなほ保育園を訪ねたのは2006年5月25日だった。タクシーが止まったところが畑の脇の空き地だった。「ここです」というのだ。

正直言って驚いた。通常考える園庭も門も塀もそれらしき建物もないのである。子どもたちはたくさんいた。空き地で遊ぶ者、一人で木陰で土いじりをしている子、空き地に積まれた丸太をよじ登っている子どもたち。子どもはいるが先生らしき姿はなかった。

背の高い生け垣の内側にある家屋へ向かった。生意気そうなガチョウが突っかかってくる。向こうではヤギが鳴いている。大きなイヌが放し飼いで、柵の向こうにはロバがいる。鼻水を垂らした子がしゃがみ込んでアリの列を追っていた。ガラス戸の向こう、布団を敷き詰められた部屋で子どもたちが昼寝をしていた。

訪ねたのは午後の日差しの3時半。テラスに置かれた籠からせんべいを持って行く子がいる。私たちに興味を持った子が走ってくる。裸足だ。「誰のお父さん?」。遠慮も恥ずかしげもなく聞いてくる。

さしかけ屋根の大きな建物は周囲がガラス戸で、なんとも無警戒に開けっぴろげ。後に足繁く通うようになってからは、このホールを「破れお堂」と僕は名付けた。立派とは言えない階段が付いている。急で、危なっかしげなものだ。危なっかしいといえば、敷地内には大きな木や茂みがあり、山があり、凹んだところがあり、どこにも危険を避けるという配慮はない。夏は暑く、冬は寒く、よく言えば自然を丸ごと受け入れた、野放しに見える風景だった。

2年にわたる「いなほ」通いと北原和子さんへのインタビューを続けていくうちにこの環境こそが「いなほ」にとって大事なもので、長い時間の積み重ねと試行錯誤の末に至ったものだとわかるのだが、これさえも変化の過程であり、終着などないのだと聞かされて、子どもに真剣に付き合うというのはそういうことなのだと心にしみ入った。

インタビューが始まった。

「私は理論なんか話せませんよ。実践者ではありますが、保育がどうだとか話すことなんかできませんから。とにかく子どもはみんな毎日変わっていくし、一人一人が全く違うんですから、言葉で簡単になんか話せません」

のっけからこの調子で、毎月1回4、5時間にわたってその月々の出来事や子どもたちの話、和子さんの近況を話していただいた。

それは人が生きていく上での根幹に触れるものばかりであった。

多分私たちは大きな勘違いをしている。

病にかかれば、医者や薬に頼る。寒い日には暖房を入れ、暑ければクーラーを。遊びには道具が必要で、勉強には理想的な環境が。何もかも不足なものは補うのが当然だと思いこんでいないだろうか。

あれさえあれば、これがなかったから、あそこを変えたら、こういうものが欲しい。変えようのない自然の営みや季節さえも変えたいし、変えられると思いこんでしまった。

和子さんは言う。

「薬なんか飲むよりも、病気にならない子に育てればいいんです。人間はみんなそういう力を持っているんです。ただ持っていることを忘れてしまったんです。忘れてしまうような社会になってしまったんです」

「丈夫な体をつくればいいんです。そのためには与えすぎは禁物です。やってあげるのもだめ。子どもでもみんな自分が生きるという気持ちがなかったらだめですよ。体が育てば、感性が芽生えます。感性が芽生えてくれれば、自然の美しさや生きることが喜びだってわかってくるんです。こんなこと教えようと思っても不可能です。生きるなかで、できあがってくるものなんですから」

「本来人は誰でもそういう力を持っています。障害のある子でも、病の人でもみんな持っています。それを見つけ出し、伸ばしてやるのが私たちのできることではないですか」

「いなほ」で子どもたちの遊ぶ姿を見、和子さんの話を聞くうちに、これまで会ってきた職人たちの言葉と重なってくる。感性も技も独立しては存在しないのである。それは人間につくものであり、人間を育てることが技や感性を身につけることなのである。

私たちはあまりに外部の物に依存するあまりに頭でっかちになり、体という大事なものをないがしろにしてきたのではないだろうか。固い殻を勝手に作ってその中にいれば安全と思い違いしていないだろうか。子どもをきれいな箱に入れて、思いこみの教育をしていないだろうか。本来持っている力や感性は生きるため、生きることを喜ぶためにあったはずなのに。それさえも箱の中にしまいこんではいないだろうか。

感じとる。自ら考える。そして行動する。そこに喜びが生まれる。

それが生きることの意味ではないだろうか。人は生まれたときから「生きる」日々のなかでそうした力を身につけてきたはずなのだ。そこを大事にしていけば、地中にびっしりと根を張り巡らした木のようなしっかりした子どもが育つ。根さえしっかりしていれば、たいそうな嵐や災害にも耐えていける。風や雨は災いではなく変化として楽しむもの。

今の日本はそんな大事なことを置き忘れてきたのでは。

「いなほ」の保育はそんな現代に「そうじゃないんじゃないの」と問いかけているようにみえる。2年にわたるインタビューから、月々の出来事を追う形で北原和子さんの話をまとめてみた。言葉は所詮《しょせん》大海の水を汲む小さなお猪口のようなものかもしれない。それでも、含むことは多い。この本がすこしでも皆さんのお役に立てば、和子さんの言葉を記録する手伝いをした甲斐があったのではと思う。

2009年春

塩野米松

目次

写真撮影　鈴木敏夫／伊平容子
本文イラスト　田辺 修

1

保育の基本は食べ物

（2006年12月）

いなほ保育園は埼玉県桶川市にある無認可の保育園です。設立して25年。園長は北原和子さん。ゼロ歳から5歳の就学前の子どもたちが約100人、先生は25人ぐらい。さらに小学生のための教室もあり、卒園児18人が通ってきています。広さは約4000坪。田んぼや畑のまん中にお寺の本堂のようなホールと子どもたちのいる部屋、そして台所があります。

園庭はアップダウンの多い土の庭。竹林もあれば、秘密基地のような小屋もあります。たくさんのヤギやウマ、イヌ、孔雀、アヒルなどの動物たちも飼われています。

「すばらしい保育園があるんですよ!」と最初にスタジオジブリにこの園のことを紹介してくれたのは、「火垂るの墓」や「平成狸合戦ぽんぽこ」などを監督した高畑勲監督。

訪れてみて驚きました。そこにいる子どもたちは、ほんとにいきいきとした遊びっぷり。裸足で園庭を駆け回り(先生たちは、靴を履きなさい、けがしますよ、などの注意は一言も言いません)、木に登り(先生方は落ちはしないかとはらはらしながら見ているそうですが、それでも木に登るなとは言いません)、おいしそうな給食をそれはよく食べます(スプーンやフォークを使いきれない小さな子どもたちは、どんどん手を使って食べます。先生たちは、そんなことはまるっきり気にしていない様子。おいしくたくさん食べることを第一と考えているようです)。

いまどきこんなふうにのびやかに子どもたちを保育できる園はめったにないと思います。どんな考え方で保育をしているのか、園長先生にいろいろ聞いてみたくなりました。

北原園長は「私は実践者であって、理論や立派なことを言うつもりもないし、そんな話をする資格はないんです。ほんとに普通の人だから」としり込みなさいましたが、聞き書きのかたちで、登場していただくことになりました。

第1回は、12月の保育園の様子からスタートします。

聞き手は、法隆寺棟梁西岡常一氏や各地の職人たちの話を聞き書きしてきた塩野米松さんです。

(スタジオジブリ出版部　以下同)

園の生活

保育園にはみんなばらばらに来ます。早い子は7時15分ぐらいから。来ると、冬は園庭のほぼ真ん中にある大きな焚き火の周りに集まってますね。

一番早く来るのは赤ちゃんです。

育休(育児休業)をとらないで、すぐ赤ちゃんを預ける方は学校の先生が多いんです。中学の先生で1年生担任とかならいいんですけど、2年とか受験生を持った担任の先生だと、早く学校に出なくちゃならないもんですから、出産後2ヶ月ほどで職場復帰するんです。そうした先生は、学校に早く行かなくちゃならないから7時15分ごろには赤ちゃんを預けに来ますね。

ここは不便な場所だから、みなさん車で、赤ちゃんを乗せてくるんです。来たら首が座る半年ぐらいまでは揺りかごに入れてます。

次々に園児のお姉ちゃんやお兄ちゃんが来ますから、ハイハイできる赤ちゃんたちは、上の子が様子を見ててくれるんです。大きい子が下の子と遊んだり、面倒見てくれますが、大きいといっても、3、4、5歳。自分より1年でも小さければ、面倒を見ますね。昔は、どこも兄弟が多かったからみんなそうしてましたよ。

その間に先生たちは掃除したり窓あけたり、いろいろ。

いなほ保育園では、年齢でいえば6段階あります。ゼロ、1、2、3、4、5歳ですね。それぞれクラスに分かれています。

ゼロ歳は、今現在で12人くらい。

1歳は8人。2歳児クラスで13人。3歳が8人。4歳が25人。年長さんが24人。

うちの場合には子どもたちは私たちを先生とは呼ばないですね。名前を呼びます。私を呼ぶときは「カズコ」。誰も「せんせい」とは言いませんね。ともに遊ぶときは、大好きな仲間という感じなんでしょう。でも頭の中では、先生だとわかっています。ゼロ、1、2歳ぐらいまでは、母親と同じようなものだと思ってるんじゃないかしら。

ゼロ歳の担任が6人いますから、赤ちゃん2人に1人ぐらいです。うちの先生で一番年上の80いくつのおばあちゃんも、ゼロ歳児の担任です。そのほかに授乳でお母さんたちが来ると、手伝っていきますから、実際は6人より多くなります。

1歳児の先生は園児8人に対して3人。

2歳児担当も3人。3歳も3人だったんですけどね、今は2人と担当クラスが固定していないフリー1人ですね。

あんまり先生が多過ぎると、子どもが甘えちゃうから。3歳はもう自立するときだから、ほどほどの人数がいいんですね。放っておかなきゃいけない部分もあるから。

4歳のところは3人。5歳のところも3人ですね。ほかにフリーの人が3人います。

フリーの人たちは担任として入らないで、いろいろな役割をしてもらったほうがいいだろうと。フリーがいると、先生が研修で園にいないときに補充で入れるわけです。

このほかにご飯をつくる人が3人。調理師ですね。

学校組の「けやき」も入れるから約110人、職員まぜたら140人近くになるでしょう。ですからその人たちは1日中ご飯つくっています。

けやき組はここを卒園して「いなほ」の教室に来ている生徒18人です。この子たちのことはまた別のときに話しますね。

子どもたちが7時とか7時15分ぐらいに来ると、先生たちも同じ時間には来てなきゃいけないですね。本来は8時半から5時というのが常勤時間ですが、みんな自分たちのローテーションでやっているんです。

保母さんたちでも、お子さんのいる人も、——今はもうそんなにはいませんけど、もう大分独立してきましたからね。でもそんなの容赦ないんですよ、いたっていなくったって。

私は年長(5歳)の担任。私はこの子たちをゼロ歳から持ち上げたんです。

年長の24人の中にはゼロ歳から来た子は8人はいます。ゼロ歳近くの1歳から来た子もいますし、半分以上は小さいときから来ています。

ゼロ歳児

ゼロ歳児は一番早く来て、帰るのは一番遅いんですね。午後6時じゃ迎えに来ないですね、遅れます。学校って、しょっちゅう事件が起きるでしょう。毎日のように何かあってね。お迎えが遅くなります。学校の先生の赤ちゃんをお預かりするのが一番大変なんですよ。

「いなほ」に来た赤ちゃんがすることですか?

赤ちゃんっておっぱい飲んで、寝て、泣くだけと思っているのは大間違いです。赤ちゃんというのは可塑《かそ》性が強くて、まだ真っ白だけれども、受け入れることは全部受け入れられるんです。だから子育てでは一番重大なときです。「いなほ」では、ゼロ歳児の保育をとても大切に思っています。

昔の母親というのは暗黙のうちにそういうことを知っていて、適切に対応してたと思います。必要な語りかけをしたり、歌ってあげたり、抱きしめたり。そばにいれば話しかけるし、ひとり言は言うし……。ゼロ歳はその子にとって、とても重大な時期なんですね。

昔の親はへ理屈言わないで、みんな本能的にやってたんだと思うんです。だから子どもはみんな立派に、成績なんか悪くたって、丈夫に育ってますよ。多少ちっちゃく生まれようと何だろうと、親は必死になって育てて。でも、今はそういうのはなくて、頭だけはみんな立派ですね。嫌というほど育児の本が出ていますでしょ。

親の多くは、そのとおりに、マニュアルでやらないといけないと思ってますから、子どもを見てないんです。本のほうを見てて。

「こういうときにはどうするの? え、これ口に突っ込めばいいの」

極端に言うと、そういう対応です。とにかく赤ちゃんが泣くとおしゃぶりをブッと突っ込んじゃうでしょう。泣きそうだと思ったらお菓子をパッとあげちゃうでしょう。一番大事な、赤ちゃんが泣きながら伝言していることを受け取ってあげないで……気の毒ですよ。

母乳

お母さんのなかには母乳を搾《しぼ》って置いていく人もいますが、だんだんミルクに切りかわっていきますね。会社や仕事場の休み時間にあげに来るお母さんもいます。ご自分のおっぱいが余っていると、よその子にもあげてます。まだ2ヶ月ぐらいで、授乳時間にお母さんが間に合わないときには、よそのお母さんがあげたりね。これも衛生面で怒られるかもしれないですね。でも、私たちはそんなことよりも母乳第一と思っていますから。お互いにそうやりながらしてきています。

それも、ここの雰囲気があるからできますけど、一般のところではやらないと思います。「失礼な」とかね。そうなってしまうと思うんですよ。私たちは家族みたいなものですから。

授乳の期間は子どもによって違います。

この子はしっかり栄養もとれるし、離乳食で体重も増えているし、力もついているし、いいなと思ったら離乳していきます。1年から1年6ヶ月の間でだいたい離乳してますね。その時期を見抜くのを間違うと大変です。うまくやらないと精神的に負担がすごく大きくなってしまうし、赤ちゃんにはそういうことがみんな影響してしまいますから。「いなほ」では月齢で区切らないし、画一には絶対対応しないです。やっぱり個人個人でずいぶん違うものです。

だから離乳の時期も厳格には区切らないですよ。やることやれていれば、内緒でコチョコチョ母親の乳首吸っててても何しててもそのまんま。

保育の勉強をしてくると「こんな時期なのに、まだ吸ってる」とか言うけど……。その辺はやっぱりケース・バイ・ケースで、うちでは徹底してこうするという言い方はしないです。ただ、じっと見ればわかりますから、両親がやり切れないものはこっちでフォローしてあげてね。

体内時計

園で遊んだりするほかに、大事なことはおやつとお昼ご飯ですね。簡単に言えば、食っちゃ寝で、あとは遊んでればいいんです。

食事の時間は時計では決めてないです。子どもは全部体内時計持ってるんです。そういうのがないと人間おかしくなっちゃうから。今は、全然そういうサイクルじゃないのに食事を押しつけるから、ねじが外れちゃうんですよ。

運動もしてないのに「ほい食べろ」、発散が足りてないのに「ほい昼寝しろ」って言っても無理です。

私たちは、子どもが今食べないとだめとか、今は食べないでもこうしていたいって、子どもが決めてるから快適なんです。

朝、来るときには、ご飯は一応みんな食べてきます。でも親が忙しくて食べられないからっておにぎりを持ってくる子もいます。

他ではそういうことは受け入れないんでしょうが、私はもう、親の仕事の都合でいろいろ大変なんだから、持ってくれれば、その子とみんなで楽しい朝食の場をつくっちゃいます。

一般の保育園では厚生労働省や何かの規則みたいなものがあると思います。来たらまず検温だとかやるんです。だから、今「いなほ」がゼロ歳でやっていることは基準的なことからみると変だったり、衛生面でもなんか言われるでしょうね。

無認可の保育園でよかったですよ。

朝食を保育園で食べさせて、何かで病気になったときには、認可保育園は管理と責任で大騒ぎになります。でも逆に言うと、私たちはそういうことが起きないような体制をとっていることの大変さのほうを理解してもらいたいですね。

今、ノロウイルスとかロタウイルスとか騒ぎになっていますね。手を洗ったって、あちこちにウイルスはくっついていますからね、大変ですよ。先生に気をつけてもらうようにするけど、どっちが先かといったら子どもたちの抗体力ですよ。

衛生面のことを考えて閉じこめるより、ゼロ歳から健康な体をつくっておくというほうが大事なんです。

風邪気味だとか、今日は体調が悪いとか熱があるとかという子も来るんです。風邪気味だったりね、熱があったって何だって来ます。親は仕事があって大変ですから。ただ、熱があって下痢をしてるときは、万が一のことがあると大変だから、それは慎重にやってます。体力が回復するまでは休んでもらいます。赤ちゃんって何かあると1日で死んじゃったりしますから、過信は絶対できないです。特にゼロ歳児はね。でもそれが他の赤ちゃんに感染するものでなければ見てあげます。

とにかく基礎体力をつくるということが、生きるための最低基準です。まずそれをやることが大事ですね。

長い時間預かってるから、子どもの体調に関して言えば、親よりもわかります。基本的にはほぼどの子も、12時間はここにいるんですから。

でも一番わかるのは子ども同士なんですよ。感覚が育っている子どもたちだから、上の子が、下の子を見て、調子が悪そうだとか、あの子はちょっと調子悪いとか、子どもが先に伝えに来ますね。ふだんとちょっと違うとすぐに伝えに来ますね。感じとるんですね。

家族とか集団とかで生きていくときには、そういうことが大事だと思うんですね。どうってことないことだけど、そういうふうに、伝達ができ合えるということがね。

自ら楽しんで食べるのを待つ

今日のお昼ご飯はカジキのフライに、大根とこんにゃくとシイタケとニンジン、昆布の煮物です。おしょうゆ味だけでね。それとキャベツの温野菜ですね。温野菜ですから、生で刻んだ量にしたら大変なものです。1回でキャベツ50個ぐらい使いますね。

ニンジンも大根も輪切りで、厚く、1センチ5ミリぐらいですね。こんにゃくは三角切りでおでんに入れるぐらい。シイタケも丸のまんまですね。

おみそ汁は大根とニンジンとコマツナ。

ご飯は……五分づきの青森産。お茶わんに7分目ぐらいのを1杯。でも、おれはもっと食いたいと思う子は、ちょっとてんこにしたりするんです。

他の保育園からここに来た園児には、前の保育園で強制的に食べさせられてる子がいますから、最初は「いなほ」に来ると好き嫌いして食べないんです。それでも放って置くんです。何も言わないいんです。見て見ぬふりしといて。1回でも無理やり食べさせられていたものには拒否が出ます。

放っておくとその子は食べないでじっとしてるだけ、最初は。それで、わからないところに捨てに行くの。一応食べたふりはしようとするんです。それをときどき仲間が発見して騒ぎ立てるでしょう。そのときは私たちも一緒に騒ぐのね。そうじゃないときは見て見ぬふりしてます。そのうち、嫌でもおなかもすくし、周りもみんな食べてるから、自然に食べるようになります。必ず時期が来れば食べますから。

でもこういうのも、画一的にやったら大変なことになります。要は保育の中身に合わせてやることだから。それから周りの子が、こっそりそういう気遣いもしてくれるの、もう少しすればできてくるよとか、そういうのをやっぱりみんな知ってそうしてるんです。食事は自ら楽しんで食べるのが一番です！

日本人だからお米

食べる場所はみんなその日の好きな所に行って食べてるんですよ。今日は木の下とか、山の上とか。運んでいる途中に落っことしたりしてる子もいますよ。みんな洗って食べちゃいます。

床ぐらいだったら拾ってそのまま食べちゃうし。

ご飯はね、おかわりはあんまりしない。おみそ汁はみんな好きで、どの子もたっぷり飲みますよ。おかずもおいしいですよ。素材が新鮮なのと、いろいろな味つけしちゃわないから、そのものそのままの味わいを楽しんでいますね。

今日のおやつはミカンとせんべい。今日は食べるのが4時ぐらいになってた？　それぞれいろんなことやったり、ずっとずれてくと、そのくらいで食べたきゃ、食べればいいんです。食べたくなりゃ台所にとりに行くから。今の時期だと、その間に焚き火で焼き芋してたりとか、いろいろなことやってますね。今日はおせんべいを焚き火で焼いてたし、男の子はミカンに棒をさして焼いてましたね。

メニューは今日の給食はカジキでしたが、それが明日は干物の魚になるとかちょっと変わるぐらいですね。でも同じものが2日続くというのはないです。

主食はご飯です。パン食というのはないですね。ときどきおやつに、卒園生で自然食のパン屋をやっている子がいるので、その子が作るちょっと酸っぱい自然食のパンを出すことはありますね。

主食は日本人だから徹底してご飯食。家ではパン食が多いでしょ。パンはかまないで呑み込みますから、顎《あご》が弱っちゃうんですよ。欧米の人は肉でかむということをやってるから、それでいいんですよ。だけど日本人は魚に野菜の煮物、ご飯ですから、それらをしっかりかむというのが基本です。日本人は日本人の骨格なんだから。

ご飯がきちんと食べられるということは大事な保育ですから、気をつかいます。あとは、食っちゃ寝でいいんです。食っちゃ寝ができるということは、健康に育っていることなんです。健康に育ってないと、食っちゃ寝ができないんですよ。

「いなほ」は大変ですよ。あんたたち大丈夫っていうぐらい、さんざん焼き芋して食べて、もうお昼は要らないだろうと思っても、時間ずらせながら、ちゃーんとお昼はお昼で食べて、おやつもいいだろうと思ったら、おやつも食べて。焼き芋でも何本だってやっていますよ。普通だったら先生方が「もうやめなさい」とか言いますけど、ここは何も言わないの。そこまでに育ってると思うからです。育ってなかったら死にますよ。

だから形だけうちのまねすると大変です。「いなほ」は、ゼロ歳からきちんと、あるべきことがあるべきように、昔からあるとおりなことで来てるからいいんです。

途中で入ってきた子で最初のうちはお昼も食べないで、焼き芋ばっかり食べてても、そのうちにね、やっぱりみんなのやっているようになるんです。先生が言わなくても、周りを見て覚えるんです。

調理師さんたち

子どもたちの数が多いからニンジンなんかでも切るだけでも大変な量ですよ。だから朝から晩まで食事の支度になるんです。皮むきから何から、機械を買ってくれれば、楽なものはいっぱいあるんですよ。だけど、私たちの鉄則でお台所の人も楽をしようとは思わないんです。全部自分たちの手でやってます。

私たちはね、金がないから、自分たちで工夫して生きるしかないから、全部手でやってきたんです。それがお台所にも浸透してます。だから苦労とも思わないでやってくれてますけど、普通じゃできないですよ。里芋だとかフキだとか、ズイキだとか、そういう調理に手のかかるものが頻繁に出ますから。フキやタケノコのときは大変ですよ。あくを抜かなきゃいけないし。そういう作業をみんなちゃんとやってくれるんです。そんなですから、１４０人分の食事をつくって、あとの片づけをして、おやつの用意をして、またそのおやつの片づけをして、翌日の準備を少ししたら、調理の人は5時で帰れるのがやっとですね。

調理師さんたちは20年以上、最初からずーっと来てくれてる人たちです。ありがたいことです。だからもうあうんの呼吸なんですよね。私がいなくても、今日は具合の悪い子が多いなと思うと、用意してあった魚のフライをやめて煮魚にしちゃうとか。私がずっとやってきたことを飲み込んでいますからね。私が給食というのを大事な位置に置いているのを知ってますから。

今ホール前のもの干しに吊してある大根は、けやき組のです。年長さんたちは、もう干してたくあんに漬けちゃったんです。自分たちでたくあんに漬けるんです。園の土地の地主さんが豊作だからくれるというので、引っこ抜いてきたんです。一人２本ずつ干したんですよ。

みんな家族

ゼロ歳から2歳の最も重大な感性が育てられるときに、大変つらい思いをし、誤った育てられ方をした子が、ある人の紹介で「いなほ」に通うことになりました。頭のいい子です。口は達者なんです。でも、本当の意味で愛情をもって生まれたときから育てられてないと、どうしても遅れる面もあるんです。

生活年齢は5歳児なんですけど、判断力とか、感覚は、1、2歳ぐらいなところがまだ残されています。遅れているところ、欠けている部分を私たちが焦らず、埋めていくわけです。

今日その子が、焚き火のところにあったはぜた木をもって、ほかの子の目のあたりに突撃しちゃったんです。うちでの保育年数のある子は、そういうことは絶対にしないんですよ。だけど、この子はまだわからないわけです、そういう感覚が。

そこがゼロ歳をいかに育ったかということなんです。こういうことが起きるのだって、ゼロ歳から3歳までをどのように育ったかの問題だと思います。

でも、やられたほうの子が、保育年数があった子だったので、瞬目《しゅんもく》反射ができたんですね。危ないと思ったらすぐまぶたを閉じますでしょ。人間というのは本能的にそういうのを持っているから、ほんのわずかに木が目のほうに入っただけですんだの。結果的には視力にも角膜にも何にもなかったんです。それは瞬目ができたからです。

今は瞬目のできない子がいっぱいいるんですよ。普通、まつ毛はさわれば閉じますが、それができないんです。

私が前にいたある保育園なんて、ほとんどの子ができなかったです。今の子どもたちは頭はいいしね、字も書くし、あらゆることができるのに、そういう命を守るための基本的なことができないんですね。

だから泥合戦して遊んだとき泥の塊が目にぶつかっても、目を閉じないで、しばらくキョトンとして何が起きたんだろうって立ってるんです。ほんとにそんな子がいっぱいでしたね。転んでも手をつけない子、瞬目ができない子、多いですよ。顔から転ぶ子が多いんです。これは大変だと思って丁寧に保育していかないといけないと思いました。その後の保育で、その子たちは見事に発達しました。保育がいかに大切か、重大かがわかりましたね。


さっきのけがをした話ですけど、その木の棒を持っていた子は5歳ですが、ここでの保育年数はまだやっと2年足らずです。人生の基礎となる3歳未満をすごく不運にたどってきましたからね。こういうのは、簡単に言葉で言えば「かわいそう」なんだけども、過去はどうしようもできないです。だからあまりそういうのはこだわらないで、その足りてない分を精一杯足らせてあげたいと思うんです。

こんなふうに子ども同士でのケガや事故があると、どうしても親がやっぱり文句を言いにくるんですが、それは言わないようにしてもらいます。これは保育時間のことですから、文句は言いもしなければ、言われもしないみたいな間柄にしないと。みなさんに「全部が家族ですから」と私は言うんですね。

私がもしこの子たちを、一人でも家族と思わない、自分の子どもと思わなかったら、差別をする子どもになりますからね。だからもう全部同じ子どもですから、そういうことではいっさい、お互いの親に言い合わないでくださいと言ってある。

でもね、一つ何かが起きるとね、親というのは、もう我が子がかわいいですからね、目くじらを立てますよ。今回は起きたままをそのとおり話して、納得してもらいました。

園児がけがをすれば、必ずきちっと説明します。それで、まず必ずわびますね。保育時間の出来事だから、怪我させたのは職員の責任です。受けて預かってるんだから。ですから一瞬でも気は抜けないんですね。

ゼロ歳から来た子とか、1歳で来た子、2歳で来た子、その後の子では、それぞれやっぱり反応が違います。だから私はね、けがをしたと報告されたとき、パッと見て、あっ、この子は保育年数が長いから何とかこらえられるだろう、医者へ連れていっても、うんと悪い結果は出ないだろうと確信してました。

この間も自動車にぶつかられて本当だったら即死してもおかしくなかった子が、何分の1秒かで、どうしたらおれの足はひかれないかって考えて、体勢を整えたって言うんです。

こういう時代ですから、向こうからぶつかってくる不慮《ふりょ》の事故は何度かありましたしね。でもみんな、すごいです。とっさに身をかわすの。それは訓練でもなければ本能でもないですね。育っていく中で獲得できているからです。生得的にもっていてもそれを使う学習をしてないとやっぱりだめなんです。

それはみんなで遊んだり、一緒にいることで育っていくものです。

でもそれも保育がよくないとだめです。やり方次第では悪いほうにも行っちゃいますから。

教えるというより、先生がやってれば、そのとおり子どもはなります。どういうときには、どういう防御をするものかというのを。

だから私たち大人の姿勢は重大ですね。

昔はみんなそうじゃないですか。親はいちいち子どもに教育がましいことはしてないですよ。これだけはというときは、子どもは押し入れに入れられちゃったり、外へ出されたり、おきゅう据《す》えられたりね。かわいくてかわいくてしょうがないから、ここだけはまだわかってないんだなと思ってなんとかしようとしたんです。

私たちはそんなことしなくても、プロだから、どうしたらその子がわかるかなということは判断できますから、それを日頃の遊びの中でやっていくんです。それが「いなほ」の保育です。

2

「いなほ」ができたころ

（2007年1月）

「わー、昔の広場って、こんな感じだったよ」──北原園長の聞き書きのために1月末の夕刻、いなほ保育園を訪れた塩野米松さんの感想です。

塩野さんは60歳。ということは、50年くらい前の子どもたちの遊びの風景が目の前で展開していたことになります。さもありなんです。

60人くらいの子どもたちが、園庭で夕日を浴びながら思う存分躍動しています。手作りの卓球台でピンポンに真剣な学齢の子どもたち、園庭の中心ともいうべき大きな焚き火の周りで、北風よけの簡単な壁の前に座った先生の腕の中には、ゆったりした様子の3歳ぐらいの女の子、お寺の本堂のようなホールの中では10人くらいの子どもたちが、若い保父さんとボールをめぐって真剣に追いかけっこ。竹馬をしている子もいます。縁側のように張り出したテラスでは、歩きはじめたばかりの子どもたちが、木綿のちゃんちゃんこを着て、よいしょよいしょと歩いていいます。

園全体から、子どもたちのエネルギーが立ち上ってくる感じです。

その一方で、まだお昼寝をしている1歳児、2歳児たちは、すやすやとふとんにくるまれています。起きたばかりの子が、どうやら、おもらしをしたようです。先生が濡れた床を掃除中。その子はどうも、着替えのパンツははきたくないようで、下半身は裸のまんま下着を手にぶらぶらとさせ、立ってごきげんです。先生も無理矢理着替えさせようとはしていません。歌を歌ったりしながら子どもがその気になるのを待っている感じです。

北原園長の手がやっとあいたようです。いつもより話をうかがう時間が後ろにずれました。

どうやら、新しい年があけたこの時期は、いくら時間があっても足りないくらい、北原先生が子どもたちに注ぎ込んでいるエネルギーが多い感じです。

1月とは、子どもたちにとってどんな時期なのでしょう。

今回は子どもが成長する大事な「タイミング」のお話も聞くことができました。

まずは、もっといなほ保育園を知ってもらうために、園の成り立ちや各クラスの名前の由来の話から。

「いなほ」の名前の由来

「いなほ」には各年齢ごとに一クラスずつしかないけど、ちゃんと名前があるんですよ。ゼロ歳児のクラスの名前は「赤とんぼ」。

1歳は「ほおずき」。

2歳は「いたち」。

3歳が「みつばち」で、4歳が「やまめ」。

5歳が「いがぐり」なんです。

一般的には桜、梅、桃、ライオン、トラとかね。ちょっとハイクラスになると星組、月組、そういう名前にしてますね。でもうちの名前には、これ全部、たいしたわけがあるんです。

そもそもいなほ保育園は、最初はここ(埼玉県桶川市)にあったんじゃないんですよ。ここにきて20年になりますが、25年ぐらい前に始めたときは隣町の菖蒲町(埼玉県)だったんです。辺鄙なところなんですよ。乗り物は何もとまらないで、過疎だから、人口も少なかった。だからガラーンとして、ただただ、見渡す限り田んぼなんですよ。

そこで土地を貸してくれる方がいたんです。そこへ行ったときは見渡す限り周りは田んぼ。稲です。稲と人間というのは切り離せないものがあるわけですよ。身の周りのほとんどすべてのものは稲でつくって、稲で暮らしたんですものね。

だから私たちの保育園も、稲はいつも身近に置いてあったんです。菖蒲にいたときは、稲があったから私たちは暮らせたんです。

借りた土地は北側が庭でしたから、わらぼっちで北側の風を防いだんです。子どもを他に連れていくときも、わらを持っていって、みんなわらの中で転がったんですね。そういうふうにわらをいろいろに使いました。

私の兄は千葉にいるんですが、セグロイワシが千葉では有名なんですよ。小粒でいいイワシなんです。そういうのを兄からもらうと、わらでつないで、乾かして干物にして食べたりとか、何やるのにもわら使いましたね。

ここらは冬は天気はいいんですが、とても寒くて霜がおりちゃいますから、子どもの靴にみんな霜土がくっついて、ぽっくりみたいになるんです。そうすると子どもたちは、わらでそれをとるんです。

冬は、水道は凍らないように全部わらでくるみますし、木も雪よけのためにわらで囲ったり、焚き火の中にわらをくべて暖まったり、雪が降ったときは、転ばないように長靴をわらで縛《しば》ってあげて。わらでトナカイの人形をつくったときもありますしね。

北原さん(編注/ご主人のこと)が信州の農家で生まれたので、そういう経験も知恵もあるし、私も小さいときは、周りがそういう自然の中での環境でしたから、わらがいかに生活から切り離せないぬくもりのある物か体で知ってますでしょ。

そこにいたころ園児が一人見つからないときがあったの。

みんなで必死で探したら、わらの中で寝てたんです。暖かいから気持ちがよくて眠っちゃったんでしょう。子どもたちはそういうのを教えなくても知ってるんですね。

だから稲こそ全ての元というのがあるし、とにかく稲の香りは私たちの心をホッとさせてくれるでしょ。大切なことだと思います。

そのぬくもりが「いなほ」の名前の由来です。

クラスの名前

学年ごとの各クラスの名前の話です。

赤トンボは日本の風景そのものですよね。私たちの心の光景の中には「ねんねんころりよ」とやると、田んぼがあって、夕焼けがあって、向こうにいいシルエットの山が見えて、お姉ちゃんが赤ちゃんをおんぶしてたり、上の子が下の子をおんぶして、空には赤トンボが飛んで……これ日本の一番の風景ですよ。

本当に田んぼの上一面に、見渡す限り赤トンボが群生して飛ぶ景色は素敵でした。それでゼロ歳児のクラスの名前は「赤とんぼ」。

菖蒲町のときには、保育園のそばに大きな川があったんです。右に大きな川、真ん前には小さな川。川幅1メートルぐらいの小さな川には、ザリガニがいたのね。で、川のあちこちにある穴に手を突っ込んで、挟まれようと何だろうと、みんなザリガニを獲るの。私たち子どものときそうやっていたから。私が一番にやれば、みんな子どももいっぺんで覚えちゃって、田んぼへ行っても、川へ行っても穴があったらそうやって獲ろうとするの。

保育園の右側の広い川の土手には、行けども行けども、菜の花が咲いていました。保育園の隣に1軒しかなかった家のおばあちゃんが昔に植えたという桜が、春になると咲くんです。それもすばらしかったですね。

夏から秋になるとその土手がホオズキでいっぱいなんですよ。土手に群生している。私はホオズキがすごく好きで、ゼロ歳からやっと1歳になったよちよちの子のクラスは「ほおずき」にしたんです。

あのホオズキもよく食べたんですよ。時々、下痢をする子もあるけど、かまわないの。子どもがちゃんと自分で食べる量を調節するから。

その土手をもっと行くと、原っぱがあってイタチが出てくるんですよ。イタチがちょろちょろ、かわいいの。だから2歳児は「いたち」に。

土手の菜の花にハチが集まってくるんですよ。子どもたちは花の中でたわむれてハチとはつかず離れずで、一緒に過ごすでしょ。だから怖いというより仲間という感じのほうが強いの。それで3歳児は「みつばち」になった。

川があって魚が泳いでる。もう4歳ぐらいになったらお兄ちゃんになって、はしっこくなりましたというんで、そこにいた魚の名前で「やまめ」。

5歳児のクラスの名前は「いがぐり」。気かんぼうで、鼻水たらして、ちょっといばったり、どうにもならない悪ガキだけど、昔から〝イガグリ小僧〟って言うと、憎めなくて、みんなから「しょうがないガキだ」って言われながら、冒険と失敗をくりかえしてたくましくなっていくのね。それで5歳は、年長さんだけど、なんか「いがぐり」よねって、そうしたんです。

三学期は卒園前の大事な時間

1月から年長さんは大事な時期に入るんです。

一つも絵がないお話を聞く時間が一昨日(1月27日)から始まったんです。イメージをするということは人間にしかできないことです。その段階をしっかり確立させてから、学校へ出してあげたいんです。私が読み聞かせたものを子どもたちがイメージして描くわけです。このときが私は一番楽しみなの。この6年間育ててきた花がどう開くかってね。

私が話す話がこの子は頭の中ではこういうふうに思ったんだとか、こう展開したんだとかが描く絵でわかるんです。お話のイメージを絵に描くんですが、それがそのお話の本当にポイントになるところを自分なりにつかまえられなかったら、私は育ったというふうには受け取れないんですよ。

読んであげるのは、世界の民話や昔話、名作童話、メルヘンとかさまざまですが、とにかく私が読むから、どうしても私流のものになっちゃうんですが、それを聞かせるわけです。どう反応が出るか、楽しみなときでもあるんですが、怖くもあります。

幼児期の最後のときには、それができるんですよ。

こういうことでも、していいときがあるんです。

してもいいのが年長の三学期の1月から3月なんです。その前にやってもだめなんです。子どもたちがそこまで育っていなきゃ、やってもお話が入っていかないんです。

しっかり想像力がつくところまで育つと、お話をしても大丈夫と判断するんです。

そこまで育っていない子はまだだめなんです。この3ヶ月間で、卒園式の日までにはみんなが想像できるような子になるように育ててあげたいのです。その大事な時期を保育者が見抜けなかったらだめで、これはなかなか難しいですね。

今、1月だから、まだたどり着けない子もいます。それでもあと3ヶ月の間にたどり着いて、みんなが勢ぞろいして、卒園できればいいんです。

だから今がもっとも忙しいときであり、人生で、もっともすばらしいときだと思います。これができるのは、このときだけだと思います。あとは思春期があるけど、そのときとは全然違う創造性なんです。

このことは、私が実践の中で感じ取ってきたことですが、教育学の先生たちが研究なさった生物学的な人間の進化や発達の段階と一致するんです。

私は実践でやってきたけど、理論研究から見てもそういう大事な時期なんだそうです。

ですから就学年齢が6歳というのは正しい選択なんですね。

それを今早めようとしている人たちがいますが、大間違いです。私たちから見ればほんとに大間違いの、大間違いのおたんこなすですよ(笑)。そんなことをやったら人間が壊れちゃって、大変なことになっちゃうんですね。

早く教えて、早く勉強させると、もっと利口になると思っているんですね。そして学校の先生は、ちゃんと言うことを聞く子だからやりやすいと。しかし、それはとんでもない。逆さなんです。就学年齢を早めるなんてことをしたら大変ですよ。

時期の見分け

子どもたちの毎日を見てきて「今ならこれができる」という判断は、職人技に通ずるものがあると思いますが、本当に「今だ」というときがあるんですよ。

「今だ」というときじゃないときにしたら、出てくるものは形だけの、ぼろぼろに崩れるものです。子どもたちの成長にも旬があるんです。それはただぼんやりとしてたら見えないものです。

今ここでこの子が登ろうとしている、すごい飛躍をしようとしているというのに、逆に足を引っ張るようなことをしていたら、あと1ヶ月かけたって、100日かけたってだめなんです。だから、「今だ」というときにはもう何があっても飛ばせる努力をするんです。その一瞬が見抜けなかったらだめなんです。その一瞬のときに、その子も無意識のうちだけど、今までの蓄積の中からそこでぴっと燃え出るわけです。

その火が燃え出すときにそれをしてやらなければ、消えちゃうわけですよ。

5歳以下までは自主性を重んじて我慢しているんです。けれども、卒園というのは責任を持たなきゃならないですから、そのためには、もう何がなんでもそこの最後の段階だけは逃せないの。

三学期の1月から3月までの3ヶ月は私が豹変《ひょうへん》するときなんですよ。もういつもの和子さんじゃないんです。ですから、この時期は土日もなく保育になるんですよ。親はそれをわからないです。だから、「何で日曜に出るんですか」とか、「ちょっと用事があるんだけど」とか、「レストランに行く」とか、「予定がある」とか言うんですが、とんでもないって。

この子が火の玉を生み出しているときに、そんなものぺちゃくちゃ食べてとこっちは思うわけね。親にはわからないですよ。

そういう大事な瞬間が見えないんだから、しょうがないんです。ですから私にしたらもう勝負ですよ。とにかく丁寧なお手紙を書いて、園に来てもらう。

きのうの日曜日は年長組全員来ました。どうしても子どもを休ませたいって渋った家があったんですが、結局登園した。お母さんがお迎えにきたら、その子が「今日は忙しかった、とにかく忙しかった」ってお母さんに言ったんですって。

その子は5歳児の中でも、最後に入園した子だったんですよ。

木にたとえたら、じっくり熟成してきた木じゃないわけですよ。それを短い間で熟成に間に合うようにするには密度を濃くやらなくちゃならない。丁寧に、濃く、でも慌てず。慌てちゃだめなんですよ。いくら密度が濃くといっても慌ててやったらだめなの。これはもう至難のわざなんです。でもこれまでじっくり積み上げてためてきた力が今日ぐらいには飛躍して出るはずだという直感が私にはあります。

それでその子もともかく本当に立派にやり遂《と》げたから、私も「あんたは一番最後に入ったからひょろひょろしちゃうこともあったけど、偉いね。やるって決めたらやっちゃうから不思議。今日は難しいことが一歩やれたね、ほんとにいい子だ」って言ったんですよ。飛躍した成長の実感をこの子はお母さんに「忙しかった」という言葉で言ったのでしょうね。素敵な言葉だと私は思います。

きのう読んであげたのはグリム童話。その日はそれだけやるんじゃないんですよ。朝から保育をやっているその中の一コマです。

人間が生物として生きていくときには、やっぱりメカニズム、リズムがあるんですね。焼き物を焼く人が土を焼くときもきっとあると思うんです。湿気の多い日とそうじゃない日とか。1日の時間帯だったら、太陽のこのくらいに差し込むこの辺のところで、こうしたほうがいいとか。全部生き物だからちょうどいい適した時間があると思うんです。人間の子どももそうなんですよ。あのくらいになると子どもたちは今日のメカニズム、明日のメカニズムとどんどん発達を遂げていくわけですから、そこをしっかり見抜いていないとだめなんです。

画一じゃだめです。

だからカリキュラムを作ってもだめなんです。

人間そのものをまず見てないと、保育は大変なんです。だからどんなにかわいい優しい子が保育士をやっても、無理です。どんなにお金があって、どんな御殿がそこに建ってもだめです。一番大事なのは一人一人の時期を見抜くことなんです。

この見抜くということだって、私が考え出したんじゃなくて、１００年もかけてやってきた人の知恵に乗っかってるだけなんです。

法隆寺の棟梁《とうりょう》だった西岡常一さんもきっと同じだと思うんです。私もあの方の本を読んでなるほどと思いました。おじい様があういうふうに指導して、そのおじい様をしっかり見て木の癖を見抜いてそれを生かす、そうやって千年も持つ建物を造ることができる。みんな先人の知恵を受け継いでいるんです。

私も保育や教育界のおじい様、おばあ様をいっぱい見て、その方たちからいただいているんです。そのおじい様、おばあ様はまたその前のおじい様、おばあ様を見ているわけですよ。だからずっと長い長い途上にある――いってみたら生命35億年だかの全部をしょっているわけですよ。

保育者は無意識のうちにそこまでの洞察力を持たないと、赤ちゃんのコンマ1秒ぐらいで瞬間に出すその感性やいろいろなものというのは、やっぱり見つけることができないです。

だから今、目の前にいる子どもそのものから、それを受け取らなくちゃならないんです。受け取る。受け取って渡す。渡して初めてその子は瞬間に出してくれるわけ。受け取ってあげなかったら出さないです。

そういうときだから、私はこの時期はすさまじいんですよ。自分のエネルギーを子どもに使うときは、ほんとに何かもう不思議なほどで、子どもにも伝わるんです。人間というのはお互いに引き合う時期があるんですよ。

きのうの日曜日もみんないい絵を描いてくれてね。絵なんか下手くそでもいいんです。ただ自分でそこが感動だというところをつかんでくれたら、嬉しいんです。それを一生懸命自分なりの表現でやってくれていたら、丸がへっこんでいようと、もう何だってうれしくて、そうするとその子がもっとできちゃうんです。もう分け合っちゃうみたいにして、ぐんぐんそこで何か変化が起きちゃうんです。すごい変化が。激変が起きるんです。それはこのときだけ起きるんです。それを引き出す時期なんですよ。

今までの積み立てたものがどれだけになって出るか。誰も描かないものを描くのが嬉しいんです。見て、前、あの人が描いてたからといって描いたものだったら、何も喜ばないんです。下手だって何だっていいから、今まで誰もこういうのは描いたことがないのに、この子はこういうふうに思って、こう描いたんだって思うんですよね。

一人腕をつっていた子がいたでしょ。かんた君っていうんですよ。かんた君は年長、いがぐり組の5歳児です。これから6歳になって学校に上がっていくんですけど、その子が大事なときに腕を折ったんですよ。

私は卒園のこの時期だけはとくに注意するんです。だって最後の花咲くときに、花咲かさないで終わったら、悔しいでしょう。壺《つぼ》をつくる人が長年かけてやっと焼き上がるはずだったのに、だれかのミスでおっことされちゃったなんてなったら、ね。

だから私は「能力を引き出すのはやるから、とにかく子どもたちがけがしないようにだけ、注意しておいてください」と他の保育者みんなには言うんです。

かんた君はあんまりうれしくてスキップしているときに、テラスから踏み外して、転落したんです。でも保育年数がある子だから、手で頭をかばったから頭は大丈夫だったけど、腕が折れたの。治るのは治るんですよ。

でも、この実の成るときですから、そこでの遅れというのはもったいない。残念ですよ。けどね、腕なんか折れたって、知恵がすごいの。

かんた君もやりたいけど、他の子どもたちと同じようには竹馬に乗れないわけでしょう。そうしたら、縄跳びの縄を足の親指で挟んで、竹馬のつもりで踊るのよ。それで激しい動きになると追いつかないから、今度その縄を4つ折りにしてそれを担いでリズムに合わせ竹馬をやっているみんなにくっついていくんですよ。みんなが竹馬でやることを、即興で全部、縄を担《かつ》いで持ってみたり、下げて持ってみたり、片方の手で振ってみたりとか、ほんとに飽きないんですよ。やりたいという意欲は人間を何にでもしちゃうんですね。

ああいうのを見せられると、子どもって本当にすごいって思いますよ。ああしろこうしろってなんにも言わなくても、自分ができる最高のことを生み出すんですね。

3

手作りの園舎

（2月）

いなほ保育園の大きなホールの縁の下に、1人の男の子が入っていきました。

4歳児の「やまめ」のクラスの男の子です。男の子は、ついさっきまでホールで鬼ごっこを4、5人の友達と元気にしていたのですが、勢いあまって誰かとぶつかってしまったらしく、鼻のあたりを押さえて泣いています。少し赤くなっていますが、鼻血がでているわけではありません。きっとびっくりしたのと、ちょっとジンジンと痛いので、泣いているのでしょう。それでも、「先生、痛いよ」と駆け寄っていくふうはありません。1人、大声で泣きながら薄暗がりの縁の下に入っていき、入り口近くで座りこみました。それを見ていた女の子がまた1人、縁の下に入っていきました。女の子はとくに話しかけるわけではありませんが、男の子の近くを何気なく回りながら男の子を見ています。

縁の下は4歳児の子どもが中腰になってちょうど頭をぶつけない程度の高さ。外で遊ぶ元気な子どもたちの声も聞こえるけれど、少し暗く土がひんやりとして、静けさも感じさせるような場所です。

気になって縁の下にむかって「大丈夫?」と声をかけましたが、たまたま園を訪ねてきた大人の私をちょっと見ただけで、男の子はまだ座ってヒクヒクと泣いています。

10分くらいたったでしょうか。縁の下を覗《のぞ》いてみると、そこには、もう2人の姿はありませんでした。

縁の下の暗がり。そこはその男の子にとって気を落ち着けることのできる、大事な場所だったのでしょう。そういう場所があることは、保育園にはとても大事な気がします。そして、泣いている友達の傍にただ黙っていることで気遣いを感じさせることができる関係が、子ども同士に築かれていること。それは友達同士の基本的あり方が育っていることを現している気がします。

今月はいなほ保育園の建物のお話と2月の行事のお話です。

「いなほ」の部屋割り

2月は「豆まき」ですよ。やるんですよ、いなほ保育園も、すごいのを。

でもその話の前に、いなほ保育園の建物の話をしておきますね。敷地は4000坪って広いけど、幾人もの地主さんから借りてるんですよ。建物は開けっぴろげで風通しがいいといえば格好がいいけど、板張りのホールがあるだけですよ。もちろん、それぞれのクラスの部屋はありますけどね。

ここ(37頁の図を参照してください)の飛び出したところがゼロ歳児の部屋。

ゼロ歳児室だけ他と違うんですよ。立派っていうわけじゃないけど、ちゃんと昔ながらの塗り壁で、屋根は反り屋根で。瓦もいいのを使ってあるんですよ。

部屋の名前は赤ちゃん室。赤とんぼ組の部屋ね。

で、その横が、ほおずき組の部屋。1歳用。子ども用トイレが2つあります。

隣が台所。

台所に接した向こうが2歳児「いたち」の部屋ですね。ゼロ、1、2歳と並んでいるの。

別棟の最初の部屋が3歳児「みつばち」、そしてホールをはさんだ場所が4歳児「やまめ」。

ホールが5歳児の「いがぐり」ということになっているんです。

ご覧になったことがない人は普通の保育園のようにきちんと机が並んでるような部屋を想像

するかもしれませんが、そういうのはないんです。

庭にある丸太でつくった建物が「けやき」の部屋。けやき組は就学クラス。「けやき」は他の年齢の子どもたちの部屋があいていたら、どこでも出張して、「今がチャンス」というふうに使わせてもらっているの。でもホールの北側の廊下にロッカーを置いて一応、「けやき」の陣地にしてあげているんです。

子どもたちの秘密の基地はあちこちにいっぱいありますよ。ホールの脇にも不思議な小屋があったでしょ。あそこは前ね、イヌ小屋だったんですよ。「いなほ」には園長室も事務所も休憩室もないけれど、人間も動物も同じように大事に思うからあんな大きなイヌ小屋を作ったんです。四畳半ぐらいの小屋で、御殿のように立派な建物なんだけど、イヌは部屋が大っ嫌いなの。みんなと一緒に外で遊んでいるのがいいらしいというんで、そこはカラ。だから今は子どもたちの秘密の基地になっちゃってます。子どもはどこが好きかというと、その小屋もだけれど、高さ2メートル半ぐらいの小屋の屋根の上が好きなんですよ。みんな、屋根の上で遊んでます。

「いなほ」は、テラスが広いの。ゼロ歳の部屋の脇にも、1歳の部屋の脇にも、ホールの脇にも床が張ってあります。ここがいい遊び場になってます。テラスは屋根がないから、雨が降ってくるとみんな自分たちでシートを張ってね。それも子どもには遊びなんです。

「いなほ」の建物はみんな高床。高床にした理由は私たちが日本人だからです。日本の気候は湿気があるから高床じゃないとね。こうしたら風が抜けるし、床下で昔の子どものように遊

けやき
4才
5才
3才
元犬小屋
御殿
橋
2才
水
すり鉢
くろやま
1才
0才
しろやま
けやき
牧場

べるでしょ。建物がせまくたって、床下で遊べますからね。床下は子どもの大事な場所ですよ。「牧場」もあるんですよ。ウマも、ヤギもイヌもヒツジもガチョウもいっぱいいます。なんだか動物園みたいですね。

庭の掘みたいにへこんでいるところは、「すり鉢」って呼んでるの。すり鉢状になっているんですよ。そこに橋がかかってます。ただの「橋」って言ってるけど、あの橋もどんどんどんどん変形していて、最初はつり橋だったんですよ。

その奥に山があります。これは子どもたちが「くろやま」って言ってる。土が黒いから。で、赤ちゃん室の前が「しろやま」。「しろやま」はちょっとこんもりとなっている。あそこは土が白いの。「くろやま」と「しろやま」では子どもの遊び方が違います。

園を入ってすぐにある雑木林は、みんなは「森」って言ってますね。

みなさんが向こうの入り口から来るときに見えるあの秘密基地みたいな三階建ては、学童保育でやってくる子どもたちの大事な居場所なんですよ。学童も来るんです。

あそこは名前はないけど、「御殿」とか「パレス」とか言っている。

これは卒園した子どもたちが自分たちの建物を作りたいねって言って、設計図を書いてね。ただ、建物の建築許可のとれる場所じゃないから、一気に建物の形にしちゃうと、どかされちゃうかもしれないから、「何だかわからないよ」というものにしておこうということにして、そのままになっているんです。

水道が「いたち」の部屋の前の庭にあります。あそこの木は植えたんじゃないの。欅《けやき》が水道のすぐそばで芽を出して、どんどん大きくなってね、水道をおおうような感じになっちゃったんですよ。ほんとにありがたいんですね、夏になると水場に行ってもちゃんと木の陰になってね。木の下から泉がわき出すというのは、メルヘンじゃない？　そんなのがほんとになっちゃったの。

父母と職員、一緒になって作った建物

この建物は20年前に、半分は職人さんが、半分は私たちが作ったんです。設計なんかは、もちろん大工さんなんですけど、お金がないですから、みんな自分たちでしなきゃならなかったわけですよ。お金がないのに、やることだけはやりたいんです。

柱の木は自分たちで伐ってきました。地主さんが、うちの山林のを分けてあげるからっていうんで、それはありがたいと、もらいに行ったんです。

木はいつ伐って、どのくらい寝かせておいて、どうすればいいかと最低限の勉強はしたんです。それで、みんなで木を伐り倒すことから、自分たちだけでやったわけです。

業者を頼んだら、お金がかかっちゃいますから。だから、いろいろ学習しちゃいますよね。たとえば倒した木は少し寝かせて、いつ皮をむくかとか。皮をむくのは、全部、職員と父母でやりました。皮をむいた後、つるつるになるまできれいに洗って磨いて。

建物全部にいい木は使えないから、松とか杉は焼いて、それをこすって。だから手は真っ黒けでしたよ。それをみんな保育をやりながらやったんです。

この建物を作るときは、いなほ保育園があった菖蒲町とこっちと通いながらです。職人さんの食事は、全部、手作りで出しました。手作りなら安いし、温かいでしょう。そのときは私が受け持っていたのが重度の障害をもった子を含めて20人。1分でも目を離せない。おまけに、ヤギもウマもいましたから、みんな散歩に連れていって。

どこかで家を解体して廃材が出ると聞いたら、朝の4時ぐらいに起きて、壊し屋さんが来る前にそこに行きました。材をもらってくるんです。

私はそのとき、子どもがいましたから、ゼロ歳児のわが子をふとんにくるんでね。それでトラックに乗っていって……。だから、もう不眠不休でした。

大変だったけど、そうやって自分がやると、覚えることが人の100倍もあるし、覚えちゃうんですよ。

儀式なんて、人に教わらなくてもやるようになっちゃうんです。山林で木をもらっちゃ、「まだ生きているのに伐って建物にするからごめんなさい」という気持ちで、塩とお神酒《みき》を持っていく。「ほんとにありがとうございます」って木にむかってお礼をしたりね。

今だって、柱とは友達みたいなんですよ。「あなたのおかげで、こうやってやっていられる。本当にありがとう」って思うから。こういうことは古来から日本人がしてきたことですよね。そういうのをやってくると、「人間だ」なんていばっていられないんですよね。心から、そう思っちゃうんです。

「いなほ」に立っている柱は、言ってみればみんな人柱ですよ。血と汗と涙で立っている。

どこも、ここも。だから「やめた」なんて言えないですよ。辛くて、逃げだしたくなったり、やめたくなっても、やめられないんですよ。

ここはそういう保育園なんです。

豆まき

やっと豆まきの話ね。

2月は豆まきですから、鬼がいつ来るか、いつ来るかって子どもたちは待ってるんです。園児はクリスマスが終わったらお正月が来る、お正月が終わったら豆まきが来る、豆まきが来たら次は雛祭りで、卒園だっていうのは、もうこれはみんなよくわかってます。

「いなほ」では、鬼が突然やってくるんです。

こういう開けっぴろげな建物だから、鬼はどこからでも突然に出現して来られるんです。節分だから、今日何時に来るとか節分の祭りが始まるとかなんて、決まってないんですよ。私が決めてるだけ(笑)。

他の先生は、豆は用意しておかなくっちゃと準備の仕事があるから、そろそろ来るだろうなとはわかってはいます。

子どもたちも、魔よけのイワシの準備や豆を入れる箱を作ったりするから、そろそろ来そうだというのは、何となくわかるわけ。豆の箱を作り出すと、今日か、明日かってね。

大豆もちゃんと子どもたちが自分たちで炒《い》ります。自分で豆の炒り加減がわからなかったら、面白くないですよ。ちゃんと炒るんです。ほんとに昔の大豆です。だから、豆まきしたあと床が全部油っぽくなっちゃって大変なんです。「大豆油を採る」っていう言葉があるけど、あれが実感できます。

「いなほ」の場合には、豆はまくだけで、食べるのは雛あられです。子どもたちはみんなそこそ、こそこそ豆を拾って食べているんですよ(笑)。かたくたって、青臭くたって何だって食べちゃうんです、ちっちゃい子でも。だからね、それ以上食べるとおなか壊しちゃってもいけないから、雛あられを配って、ね。

まく豆も大変な量がいります、約100人分ですから。

ヒイラギとイワシも飾ります。みんな自分たちで作るんです。

イワシは千葉にいる兄がいつも送ってくれるんですが、今年は送ってこられなかったので、私が買いに行きました。セグロイワシが小さかったから、イワシにしたんです。いっぱい入っているのを2箱買ってきたんですよ。

その次の日、子どもたちはヒイラギの枝を自分たちで見つけて切ってきました。どこにヒイラギがあるとか、それを取ってくるときは気をつけないと痛いとか、全部子どもたちは知ってますね。お兄ちゃんやお姉ちゃんたちのやることをよく見て、まねしながらやるんですよ。私たちもそうやって育ってきましたよね。

鬼に勝つことと、進級の実感

節分の鬼はね、これ以上怖い鬼はいないっていうのを出すんです。鬼が怖くて嫌ならみんなどこか行って逃げちゃったらいいのに、みんな鬼が近づくと逃げて行って、鬼が遠ざかると、また鬼のほうに寄って行くんです。

誰も教えなくてもそうするんです。人間っていうのはすごいもんですね。心の中に悪い者を退治しようっていう攻撃性があるんですね。逃げたいのと、攻撃するのと、一緒なの。こうやって正義感っていうのが育つんですよ。

私は子どもたちに言うの。「あなたたちがいい人であれば、鬼は帰るでしょう。自分たちが立派であると思えば、鬼に立ち向かえばいいし、だめだと思ったら食われてもしょうがないでしょう」って。

いつ鬼が出てくるか、私しか知らないんです。でも私も、どこからどんなふうに来るか、何をするかは知らないんです。そのほうがドラマチックですからね。こういう行事は準備しちゃだめなんです。鬼になる人も準備しちゃだめ。

保育は全部そうです。

決めたことだけをやったら、もう遊びじゃないんです。

鬼になることになった人も自分の考えで精一杯遊べばいいんですよ。鬼になる人が何をするか知らないから、楽しみなんですよ。想像を超えてくれるか、だめか、勝負です。

今年の鬼は大傑作だった。「いなほ」ができて25年間で初めてですが、鬼が私をさらったの。みんなもう騒然としてね、「鬼が和子を連れて行こうとしたよね」って。園児はみんな私には一目も二目も置いているわけですよ。それをさらおうとしたっていうんでね。

鬼はやっぱり男じゃないとだめです、ヒョロンなんてしてたら、だめ。男でも発想や想像力や感性が豊かで「いなほ」の雰囲気を持っていないとだめですよ。

怖いのを見せてやろうなんて思ったらだめ。そういうのはもう全部、子どもたちに感じ取られちゃう。

知恵も行動も真剣勝負です。

予想も何もつかないから、怖いんです。だからみんな必死で逃げるの。「鬼だー」っていうんで逃げてても、こんどはこっちから鬼が出てくる。ダーッと逃げると、またこっちからも鬼が来るんですよ。「わーっ」と逃げると、またこっちからもあっちからも来るしね、もうどれだけ逃げても逃げ切れないくらいだった。

家に帰って言うことは、小さい子は「でも、泣かなかったよ」です。泣く子もいるんですよ。ちっちゃい子は泣きます。でも、「いなほ」の子だとたいしたもので、1歳ぐらいになるとなかなか肝っ玉ができてきて、泣かないで、先生にしがみつきながら、「ウウッ」てこらえられる子がずいぶん出てきますね。

鬼は怖いですよ。怖いのしか出さないから(笑)。「鬼でちゅよ」なんていう甘いのは絶対出さないですから。すごいときなんか、夜叉《やしゃ》だって出てくるしね。

今年の鬼は誰だったか言わないほうがいいですね。あれは鬼なんです。とにかくもう私をさらうぐらいですからね、たいした肝ですよ(笑)。

子どもたちは、私がちゃんときちっと逃げたから、「ああ大丈夫だ、和子も悪いことはしてなかったんだ」って思う。普通は誰かがさらわれそうになったら私が助けにいくんです。なぜかみんな、和子は鬼とも話せるし、サンタクロースとも話が通じると思っているの。

今年はあまりにも鬼がすさまじいもので、子どもたちも大人も誰も手が出せないぐらいだったのよ。大人でもたじたじしちゃうぐらいにすさまじかったからね。お陰でね、面白かったですよ。

でも、鬼に出会って、それを乗り越えて勝つから、上のクラスに行けるんです。春になって進級できたというのは理屈じゃなくて、そういう実感なんです。節分を通り越して、鬼にも連れていかれなかった。おれは泣かなかったぞという実感を持って、一つ上のクラスに上がっていくんです。

冬が終わって春が来る。そうやって自分は一つ節を越えたという実感が出るんです。これは大事なことです。

「いなほ」ではこの時期だけ歌う歌があるんですよ。『赤い新芽』(正式題名「二月」テオドル・シュトルム詩　藤原定訳　林光作曲)っていう歌です。

節分は立春ですから、もう春がそこまで来てるから、寒さの中でも新芽は春を夢見ているんです。ここまで来ると寒さが厳しくても、もう春だから耐え忍べるよって。

♪　あかい新芽を　いっぱいつけて
風のなかで　ゆれているのはボダイジュの枝、
そのゆりかごの中に春がいて
いやな冬じゅうを夢みてすごす。♪

ってい う歌です。子どもたちはこれが、好きなんですね。だけどこの歌は立春までは歌わないで楽しみに待ってるんです。そのあたりになるとこれを歌って、春が本当に近いんだと子どもたちは実感するんです。

私は2月っていうのは、自分がピシッとするときなんですね。周りを見ても何か涙が出る思いがするんです。周りのものもみんな、木でも虫でも動物でも、寒くても頑張っているでしょ。そうしながら春の準備しているんです。今はたいしたふうには見えないけど、みんなもう内部で次の準備しているんだなと思うとね、しゃきしゃきしてくるんですよ。自然だけじゃなく、子どもたちもそうなんです。2月は1月の正月とは違うんです。この後は雛祭りがあって、卒園ですからね。

ですから2月はとても大切なときなんです。

4

卒園式

（3月）

3月31日、いなほ保育園の第26回卒園式を見せていただきました。

改まったワンピースやブレザー姿で卒園していく23人の晴れがましい笑顔には、卒園児の親でもない塩野さんや私の胸にも「この子たちの未来に幸多かれ」と心から思わせるものがありました。それほどに、子どもたちの顔は自信と嬉しさに輝いていました。

北原園長から一人一人が名前を読みあげられ、卒園証書を授与されるという式のあとは、これまでの保育のすべてを見せるといったプログラムです。

動きやすい服に着替えた子どもたちは、縄跳びをしながらホールを1周したり、側転をしたり、自分の背丈よりずっと高い竹馬に乗って卒園生一人ずつがホールを1周したり、日ごろの運動量の多い躍動する姿をそのまま見せてくれます。

その一方、韓国の衣装をつけてしとやかに舞うかと思えば、ゲストのアイヌ古式舞踏家の広尾正さんが歌う歌、「アイヌのウポポ」に合わせてアイヌの舞を元気に踊ったりもします。

会場となったホールの壁には、一人一人の卒園生が描いた絵と、それぞれが思い思いの色で好きな図案を刺繍した藍色のアイヌの衣装が飾られています。

その日配られた冊子には、その1枚1枚の絵に北原先生が子どもたちへの思いや子どもたちの様子を綴っておられて、絵にこめた気持ちや、「いなほ」での充実した時間を私たちも共有できるようになっていました。

この冊子作りはもちろんですが、北原園長をはじめ、先生方はこの日にむけて、それはもう大働きをなさったようです。前日は、先生方全員が徹夜だとか。

それでも、先生方もこのときばかりはとおめかしをして、子どもたちより先生のほうが少し緊張の面持ちで臨んでいらしたのが、印象に残っています。

今月は、この卒園式をはさんでの前後2回のお話をまとめました。卒園までの取り組み、そして、卒園式後の先生の心のありようを読んでいただければと思います。

大忙しの3月

3月は大変ですね。3月のお話をするのは息が切れちゃうぐらい。

今日は夜の7時まで保育をすると子どもたちに言ってあったんです。私は園の外にも用事がいっぱいあるんですけど、夕方5時ぐらいには園に帰って、2時間でもいいから卒園前の年長さんに保育をしようと思ってました。

一緒に遊べる時間がないときには、7時、8時ぐらいまで保育をやるんです。

年長さんだけですね。

本当は、みんな私の家に来ちゃってでもいいから、この卒園前の大事な情熱的な時間をもっともっと共有していたいんです。この時期が、子どもたちの一生の情熱のもとになっていく大事な時期なんですから。

この時間は、前にも話しましたけど読み聞かせの時間の延長です。

年長以外の子どもたちがいるとゆっくり年長の子たちに保育をしてあげられないので、土日も三学期は全部保育をしています。

そのときは、ゆっくり落ち着いて昼間お話を読んであげられますから、それを全部、子どもたちは絵に描いていきます。いっぱい描くんです。描いて描いて描きまくってます。

卒園までのこの3ヶ月間は、毎日新しいお話を一つは聞けるから、子どもたちは「いなほ」

に来るのが楽しみなんです。今年の子はほとんど本を読んであげると想像ができるから、本に載っている挿絵はほんの少し見せたり、全く見せなかったりです。お話は1時間から1時間半かかります。

話すときは、私が立って、身ぶり手ぶりを交えながらが多いですね。座っているより立ったほうが楽で自然にそうなりました。講談じゃないけど、あのくらいの高さの演台——子どもの机を2つ重ねるだけですけど、話が始まるなと思うと、もう子どもたちがそれを全部用意して待ってるんです。

本は、ほとんど私は暗記してます。そして子どもの聞いてる様子によって語り方を変えていきます。この子たちはこのくらいの理解だなと思うと、理解できるようにしてあげたり。ここはあんまり深く入らないで、ポイントだけで飛ばしたほうがいいなと思えばそうします。子どもの様子を見ながら変えていってます。

障害のある子がどこか好きなほうを向きながら、全然違うことを言っていたりしても、みんなと同じ場にはいるんです。そういう子も含めて、ほんの少しでも話に反応があるとそこを拡大します。言葉のしゃべれない子でも、アイちゃんでも反応がちょこっとでも出たら、必ずそこに関心を抱いているということですから、そこをふくらませたり。

アイちゃんは今23歳かな。

「いなほ」で年長さんまで終わって卒園して、小中学校へ行き、そのあと高等部というつもりで「いなほ」に戻ってきて、今は専門部。世間でいえば短大にあたりますかね。そういう形にしてずっと「いなほ」に来ているんです。

23歳ですけど、年長さんと同じことが獲得できるように、長い時間かけて、保育をしています。

子どもたちはお話の時間は、一生懸命聞いてます。

私と子どもがすごい緊迫感で空間がきしっと引き締まっているから、その間はコトリとも空気を乱したらだめなんです。興味本位でのぞかれたりするのもだめです。ばたばたすると集中しないから、職員も周りにすごく気づかいをしてくれます。

そんなですから、私もものすごいエネルギーが要《い》ります。

だから、さんざん保育をしてくたびれてしまったら、私のエネルギーが復活するまで、みんなは演台を用意して待ってくれているわけです。

でも、きのうは私にエネルギーがなくてお話をしてあげられなかったので、代わりに30分ぐらいリズム遊びをしたんですよ。そうしたら子どもたちの集中力がギューッて締まってくるわけですね。もう締まって、締まって、締まり切って1日が終わりにならなくちゃ、この時期はだめなんですね。

それで最後は子どもたちは気持ちよく歌って帰っていきます。

おなかもすきます。だから午後8時を過ぎたときは、子どもたちのために必ず食べるものも用意しておくんです。おにぎりと果物とか。

子どもたちは今日は何の話をしてもらえるかわからずに来るんです。毎日、毎回そうです。

続きのときだけわかっている。『ドリトル先生』(ヒュー・ロフティング著)とかは長いですから、ちょっと区切りますから続きがあるんです。

『ドリトル先生』なんかでも子どもはよくお話をわかっています。それは描いた絵を見るとわかります。心の認識ぐあいを全部絵に出しますからね。

たとえば『まえがみ太郎』(松谷みよこ作)の話で、鯨に乗って海を行く場面の所なんかは、私が鯨の話をしてだいたいのスケールとかいろいろなことを言うんだけど、子どもたちは鯨を見たことがないですから、自分のイメージで尾ひれとかを描いちゃうんです。それでも子どもたちはお話の中に飛び込んで描いているから、心躍《おど》れば、心躍ったお魚を描くんです。

心がみんな絵に出ます。だから鯨だか、魚のお化けだかわからない絵なんだけど、それを否定はしないんです。子どもたちが発想したものだからね、あまり空想的であってもいけないけれども、あまりにも現実的で、夢がなかったらそれも面白くない。そこらへんはきちんと見極めないと、子どもをつぶしてしまうことになるんです。そこらがとっても大事なんです。

ギリシャ神話のプロメテウスの話をしたら「和子、プロメテウスはどうやって空飛んでいったの？　何に乗っていったの？」って聞くんです。それを絵にさせると、空飛ぶ馬車に乗っていってというふうに描く子もいるし、何にもなしに、ただスーッと空にそのまま行けると思う子もいるんです。いろいろに発想しますね。

腕が治ったかんた君

かんた君は腕が治りました。

かんた君は骨折しましたから、どうしても他の子より三学期の作業が遅れちゃうんですよ。体力的にもそうですが、体力というのは認識力と一緒ですから腕を折ったりすると、体感での感覚が獲得しにくくなります。

保育する側からすると、どうしてもペースと量が他の子のようにはもっていけないんです。だからそれをどう追っかけるかです。慌てて追っかけたらストンと落っこっちゃう。だから焦らず、焦らずね。

今日は嬉しそうな顔をしてましたか?

そうでしょうね。きのう初めて絵に色を付けることができましたからね。それまではいくら色を付けたいと向かってきても、まだちょっと早いとわかるから、させなかったんです。色を付けるのも機が熟したときじゃないとさせちゃいけないんです。

それまでは鉛筆で描いてたんですが、みんなのように早く塗りたいわけですよ。かんた君は色を塗ることに恋い焦がれているわけです。

そしてきのう、初めて色を塗ったんですよ。嬉しかったと思いますよ。

かんたちゃんの絵を見たら、「あ、これは誰かの絵をいただいちゃって描いたものだわ」と思ったけれど、「いいな」とも思ったんです。構図がいいんです。私が話した話の、ウマがきびすを返して、どうこうするという場面だった。それをかんたちゃんは魚みたいに描いていた。魚がきびすを返してました(笑)。これが魚じゃなくてウマで、しっぽが魚のひれじゃなくて、ウマのしっぽになれば、まるっきりお話の場面のすばらしい絵になっちゃうような絵でした。そこにテーマがあって、それはちゃんとつかんでたんですね。それで「よし」としたの。それで、「さあ色塗りは今だ！」と思って「かんたちゃん、色を塗っちゃえ」って言ったんです。かんたちゃんも塗り上げていったんです。その時期を待たずに手伝ってあげたら、あるいはおだてて早くやらせたりしたら、その子は伸びないんですよ。だけど、もう大丈夫っていうところまできたから塗らせたんです。

その前にもう兆しはあったんです。

それまでは構図が描けなかったし、一つの物体も描けなかったんです。でも、描きたい、描きたいと思っているのはわかりますから、必ずや生まれ出てくるっていうのはわかるんですよ。それで「これから描けてくるよ、楽しみだね」って、私にそう言われたのがかんたちゃんは、すごく嬉しいわけね。こういうとき、嘘《うそ》を言っちゃうとだめなんですよ。裏切ることになるから。

それで本当にそういう絵を1、2枚描き始めたから「形が出てきたね、あと一歩だね」って言ってたら、さっきお話ししたような絵を描いたんです。で、かんたちゃんは初めて色も塗って、ものすごく嬉しかったわけです。嬉しくて、嬉しくて今日の表情に出てたんでしょうね。

でもまだ、かんたちゃんはアイヌの衣装が仕上がってないんです。「いなほ」は卒園生が自分でアイヌの衣装を刺繍するんですよ。何人かの子はだいたいでき上がっています。それは保育の中で、ずっとアイヌのオキクルミの物語や歌をやっていますから、この子たちが卒園するときはアイヌの衣装に思い思いの図を考えて刺繍するんです。

オキクルミの物語は、子どもたちが大好きな話で、年長になると憧れはさらに強くなり、みんな誇りを持って物語を演じ歌います。それによって子どもたち自身がりりしく成長をとげるすばらしい作品です。

かんたちゃんも、その着物が憧れなわけ。

腕をけがしちゃって刺繍ができなかったから余計憧れがあるし、感性があるから、その着物が素晴らしいとわかるんです。

かんたちゃんが着物用の図案を描いていて言ったのは、「俺、『いなほ』描いたの」。それだけの言葉で私との間では、通じるんですよ。ここが重大なんです。神がかりをやっているわけじゃないの。でもわかるんです。「かんたちゃん、素敵だね、『いなほ』だね」って答えてます。あの子にとって、今「いなほ」が、さんさんと光り輝いて見えているんです。「いなほ」が一番。自分の生きている証は「いなほ」なのね。だから、それをアイヌの着物に描いてるわけですね。まだでき上がらないんだけど、でき上がったら飾ってあげるんですが、飾られたらそれが自分なんですよ。自分たちなんですよ。

私がゼロ歳から保育をしてこの6年間でこの子たちに託したかったことが、今こうした形で生み出されてきているんです。

そのことをこの子は気づいてくれているわけですよ。

それをかぎ分けられたかんたちゃんは、骨折をしたけれど、もう追い抜き返しているんですよ、他の子を。誰が頭がよくて、誰が頭が悪いかなんて問題じゃないんです。かんたちゃん、次には必ずまた違う絵を出してくるはずです。その日がいつかっていうのを私は楽しみに待っているわけね。こうやって毎日毎日変化しながら過ごすから、卒園までの3ヶ月は大変なんです。

卒園というのは子どもにとっては大きいテーマです。卒園式のときに何かやってあげようじゃなくて、何かやるって自分たちが決めるんです。下の子どもたちはその勢いを見て三学期は育つんです。年中さんは年長さんを見て。年長さんは学齢期のけやき組の子どもたちを見て。3歳児は4歳児を見て、4歳児は5歳児を見て、みんなそうです。

上がよければ、必ずよくなるんです。だから上の位置は重大なんです。卒園のとき、どういう姿で卒園したかがね。早い話が、人類の縮小版やっているだけですよ、私たちは。

人間はいつも、そのまた上の良き人の姿を見ながら追っていくんです。煎《せん》じ詰めていけば、みんなずっと良しとしているものを受け継いできたし、またその下に継いでいきながらね。一番上は星なんだと思うんですよ。で、だんだんだんだん、そばのものを見ていくというふうに。「いなほ」で暮らしている者は、この中のそれぞれを見ながら、少しでも奪い取れるものを奪い取りながら成長していっているんだと思うんですね。

卒園式

この間は卒園式に来ていただいてありがとうございました。楽しかったですか？　それはよかった。ぜひ見て欲しかったんです。

卒園式に、みんな卒園証書を私から受け取ると高く掲げてホールを1周したでしょ。なんにも練習をしたりしてないんですよ。去年の卒園生がやったことは見てるでしょうが、貰《もら》ったらこうやって嬉しく歩こうとも、私は言わないです。

「貰いたかったら貰いなさい。自分が立派に賢くなっていると思えば卒園できるでしょ」って言うだけです。本当にそのくらい自分でわからなかったら卒園できないですよ。厳しいですよ。誰でも貰えるんじゃないんですよって思っています。

卒園式のときにみんな並んで自分の名前を呼ばれるのを待って座っていたでしょ。いつもはどこに座ろうが自由なんです。どんなときも自由なんです。でも卒園のときだけは保育年数順に座ります。私たちにとっては保育年数ってとても大事なんです。この間もお話ししましたけれど、生まれていつからその子を受け取ったかが大事なんです。

早く受け取ったって受け取る人がダメだったらダメですよ。

はっきり子どもに出ますから。

それがあるから、あの日だけ保育年数の長い順にみんな並んだわけです。その順に名前を呼んで、立ち上がって賞状をもらって。森田君は森田君の順番にちゃんと座ってた。きちっと。

私も森田君が一人でああやってできたからたいしたものだと思って。あれは本人が本当に一人で考えてやったんですよ。嬉しそうに2度も3度もホールを回ってますからね。きちっと毅然《きぜん》と自分で「はい」と言って立って、自分で意思的に取りに来ていますからね。すごいなあと思う。あの子は医学的にははっきりは分けられないですけど、多動であり、情緒不安定であり、言語も出ず、集中できず、偏食ばかりだったんです。それが自分の意思を持って、卒園式に望んでいたわけですよね。

皆が卒園証書を貰うあの雰囲気の中にいて、そして自分もぴしっと立ちあがる、こういうことが大事だと思いますね。訓練すればできるかもしれませんけど「いなほ」では訓練じゃなくて、あの日、自らやったんですから。これまでであの日が森田君の、一番、最高到達点ですね。

プロメテウスの火

卒園式では、縄跳びや竹馬、踊り、太鼓演奏、たくさん今までやってきたことをみんな嬉しそうにやりました。

今年は最後に「けやき」の子どもたちが「プロメテウスの火」を朗読しました。あれをやる決意をしたのは、年長さんが「プロメテウスの火」(木村次郎作詞　丸山亜季作曲)を歌っているのを聞いて卒園したふうきちゃん(けやき組)っていう子がね「僕が年長さんのときに『プロメテウスの火』を語ってもらって、星や宇宙が好きになったんだよ」って言ったんです。その後、その子は星にすごく関心をもつようになった。

「そうか、やっぱり語りは大切だ。それならこの『けやき』の子どもたちに朗読をやってもらおう」って思って。朗読を入れました。堂々とやりましたね。

「けやき」は就学クラスで全部異年齢です。異年齢であっても、自分が今最大限に自分の中に感じる感覚を全部出すと、やっぱりどの子にも共鳴できちゃうんですね。だからそれがいい響きになって、内容が素敵な韻律のリズムとなって歌の世界、物語の世界を大きく広げてくれたと思います。

卒園式の日は、誰が決めなくても父兄がみんなで自主的にお手伝いをしてくれます。お赤飯を炊いて持ってきてくれたりもします。

次に年長になるお母さんたちが、24世帯でしょ。なんにも言わないのに、全家庭お赤飯を持ってきたんですよ。なぜ分かったかっていうとね、みんな卒園の会が終わったら、丸くなって、お重のふたのはめっこをしてるわけ。みんな似たようなお重で、どれが自分の家のお重の段々だかわからなくて、どれが合うか確認してたんです。ということは段に重ねるほどにさまざま作ってきてくれたわけです。だからもう、ありがとうございますっていう気持ち。本当に私、涙が出ましたね。

お別れの遠足

卒園の子どもたちは遠足があります。お別れの遠足。卒園の前にやることもあるけど、今年は何人かインフルエンザにかかったりしたでしょ。だから卒園式の後にしたんです。

遠足は4月の6日でした。

電車に乗って行きました。電車に乗るだけでも大変ですよ。子どもたちにはいつもどおり、どこへ行くとも何も教えてないんです。だから、電車の中でもほかの乗客に「どこへ行くの?」って聞かれても「遠足ー」。「どこまで行くの?」「知らなーい」って言ってました。全てがそうですね。この人といれば行き着くところにはベストのことしかないって信じきっているから。嬉しそうに「知らなーい」って(笑)。

でもね今回は「万が一迷子になったときは埼玉県桶川市川田谷のいなほ保育園って言えばね、絶対大丈夫だからね」「必ず見つけに行ってあげるからね」って言ってあったんです。

行く先は途中で子どもの状況を見て決めるんです。様子を見て、これは無理だなと思ったら、行く場所を変えちゃうんですよ。いろんなことがそうなんです。それが本当は普通なことでしょ? 決めたら何があっても行かなくちゃあ、って変ですよ。

子どもの体調にあわせて、考えていくのが当然です。ですから行く先も変わるし、決まってないんです。子どものほうもわかっているからね。「まだ乗るの?」とかね、「あと何個?」とか聞いてきます。

結局今回は最終的には海まで行ったの。乗り物もいくつも乗り継いで。

半分インフルエンザ気味のかんたちゃんみたいな子もいるし、どこにしようかずっと車中考えながら、みんなの様子を見て決めたんです。

じつは、「いなほ」の卒園式を一度も欠かすことなく見守っててくれた方が脳溢血《のういっけつ》で倒れて、今年の卒園式に来れなかったんですよ。その方も無念でね、「いずれ少し元気になったときにまた行きます」って。もう何があったって飛んでくる方なんですよ。あんまり残念だったから、そちらが来れないんならこっちが行ってやろうって思ってたんです。その方の家が海のほうだったんで、少しでも傍へ行きたいと思って、そちらのほうへ行ったんです。近くから電話をしたんですが、やっぱり出ていらっしゃれませんでしたね。相当悪いんだと思うんです。

その方の家の傍を通って海へ行ったんです。傍を通っただけでもいいんです。

かんたちゃんは半分くらいインフルエンザに引っ掛かっていたのね。卒園式にもやっと間に合ったぐらいだったから。とにかくだるくてしょうがない。お腹も痛いし。あの小粒ちゃんだから、もうだらんとしてね。電車の中はもう寝ているばっかりだった。いよいよ電車を降りて歩くことになったら、よく頑張るのね。背負ってるリュックが重いでしょ。だからリュックを下ろして、着てた半纏《はんてん》を脱いでね、半纏の紐にリュックを縛ってね、その半纏を肩に担いでる。リュックには水筒とお弁当、着替えが入っているんです。あの子背が低いからそうやったらリュックが地面についてしまって、ズルズル引っ張っていくんです。ジブリの童話のキャラクターにありそうな姿ですよ。よく考えたと思ってね。

だから少し行ったところで、「和子さん、リュックを持ってあげるよ。疲れているんだね、今日はね」って言って、持ってあげたんだけど。あの状態でよくそういう考えが思いつくと思って。普通、子どもってもうダメだとかお腹が痛いとか、くたびれたとか言うものでしょ。それがあの子、熱があってお腹が痛くてよれよれでもね、自分でどう生きたらいいか考えているわけでしょ。頼らないし、工夫するのがいいですよ。人はみんな工夫して生きているんです。「いなほ」の子は、大人を頼らないです。

そうして海へ着いたんです。そしたらこんな寒くたってみんな海へ入っちゃうんですよ。全員入っちゃったんですよ。寒いですよ。だって前の日に雪が降ったんですよね。

それができるのはちゃんと育っている証拠だと思います。普通なら、肺炎を起こして死んじゃいますよ。かんたちゃんも入りましたよ。本人が入りたいって言うんだったらね、いいの。海水着なんて持って行かないですよ。持っていったらどこへ行くかわかっちゃうじゃないですか。そんなの面白くないでしょ(笑)。その日も寒かったから半纏とね、オーバーでしたよ。保育園へ来る普通の格好のまま、行ったんです。どこへ行くっていったってそうですからね。

帰りの電車で、こんな可愛いかんたちゃんともお別れだと思ってね、一生懸命手をさすったりね、しみじみとしてたんだけど。「俺、8時から山行く」なんて言うのね(笑)。さんざん海に入ってね、鼻水をズルズルやって熱もあったのに、これから家族みんなで山に行くんだって。田舎だかどこに行くのかわからないけど、家族は私より上手だなと思って(笑)。これはね、お互いちゃんと育っている信頼があるからやっているんです。

卒園生23人、みんなは行けなかったんです。卒園式さえもギリギリでしたから。インフルエンザのAとBが一緒になって、前の日までダメだった子もいたから。

それから森田君みたいに卒園式が終わったらおかあさんの田舎の富山に帰っちゃったりね。あともう一人漏れちゃった子もいてね。

先生は担任だった3人の他に、万が一のためにちゃんと泳げる若い子を連れていきました。波は怖いですよ。こういうときは万全を期さないとね。

卒園遠足が「いなほ」の園児としての最後の行事なんです。みんなもお別れの遠足はこれが和子さんと一緒にいく最後だと思っています。もうこれで、いなほ保育園は最後で、これからみんな学校組さんっていうことになりますからね、「今日までですよ」って言ってもあります。

ですから3月は嬉しくもあり、悲しくもあってね。辛《つら》いですよ。

学校に行っちゃったら世界が違うから。この熱中した、気の狂ったような雰囲気ではやっていけないいんですよ。みんなきれいな顔になってくるし、服装もきれいにしてくるし。服も汚さなくなるだろうし、鼻水も垂らしていないしね。

本当に小学校の入学式の日までなんですよ。

学校に行ったら怪我だらけで帰って来るんです。安全に、囲われて、じっと座らされているはずなのに怪我だらけ。「いなほ」では全身運動してるから、自分で危険がさけられるけど、それが逆に閉じ込められているから、今まで自分が持っていた感覚じゃないから、怪我しちゃうんですよ。

そうやっているうちに子どもたちも考えるんですよ。

周りに馴染むようにして変えればいいんだって。そうなるのはあっという間です。全く変わっちゃうんです。悲しいですよ。

5

小学生になる
子どもたちへ

（4月）

４月９日夕刻に訪れたいなほ保育園には、卒園した子どもたちが、小学校入学の晴れ姿を見せに来ていました。

お祝いだからと、ホールでおこわをひと口ずつお箸で北原先生から口に入れてもらい、ぱくりと食べる子どもたちは、本当に嬉しそう。

ホールは卒園式が行われた、園でもっとも広いスペース。壁には、進級した子どもたちの名前が新しい組のもとに、新しく入園してきた子どもの名前と一緒にひらがなではりだされていました。

園庭では、学童（保育）の子どもたちがいつもどおり遊んでいますが、その中にこれまた正装の親御さんたちが、立ち話をしています。お世話になった園に子どもたちの入学を報告に来ている様子です。

そのうちにみんなで記念の写真撮影が園庭の真ん中で始まりました。北原先生を中心に、なりたての小学１年生が勢ぞろいです。

今月はこうした境目の日ということもあり、北原先生に、小学校という新しい社会に入っていく「いなほ」の子どもたちへの気持ちをうかがうことになりました。

「いなほ」の子どもたちがこれまでと異質な環境の中で、どう育っていってほしいか、またそれを支えていくには親のあり方がどんなに大切であるかなどを、これまでの経験も踏まえて話していただきました。

「いなほ」の子どもたちのきらきらした躍動感が、今の社会の中では、なかなかそのまま伸びにくいという現実、その一方で生きる根っこがある「いなほ」の子どもたちは、自分の力で立っていく潜在能力があることを示すエピソードもうかがうことができました。

大切にしてほしい入学式の日

今日は4月9日ですから、いなほ保育園は新学期がもう始まってるんですよ。入園は通常4月3日くらいですけど、今年は5日にずれました。

学齢児の「けやき」は今日が入学の日でした。普通、学校は4月8日が入学式の定番でしょ。でも今年は8日が日曜日だったので、月曜日の今日、9日だったんです。

入学式の日には「いなほ」には、なぜか卒園した子がみんな来るんですよ。それも、小学校入学、中学校入学、高校入学、大学入学する人たちまでが集まってきます。ええ、みんなここの卒園児です。

なかには、今度結婚するんで、「自分の妻です」って紹介かたがた連れてきた卒園生までいました。ですから、それはもう大にぎわいでした。誰が決めているわけでもないんですけど、みんな来るんですよ。

3月に卒園していった子どもたちもみんな学校での入学式が終わった後に来ましたね。かんたちゃんも来てました。卒園のときのいいお洋服を入学式でも着てるから、なんかみんな卒園のときと一緒で、ここで変わらず楽しく遊んでるんです。

でも、今日の小学校の入学式ではショックなことがありました。

「いなほ」の卒園児が入る小学校の入学式にはいつも祝電を送るんです。子どもたちが学問の道に入るときの、最初の言葉ですから、すごく考えた文章を、毎年、その年のその子たちへの思いを込めて書くんです。

だけど今年は入学式でその祝電が読み上げられなかったそうです。ただ貼ってあっただけですって。「いなほ」では学校で初めて文字を習うというのが方針ですから、「いなほ」の子は文字は読めないわけです。だから、せっかくお祝いの文章を送っても、貼ってくださっただけでは子どもに伝わらないんです。

たいがい祝電を読んでもらってその詞《ことば》に感激をして、子どもたちは「いなほ」に来るんです。電文は気持ちを込めた的確な詞のつもりです。それで子どもたちは誇り高い顔でうれしそうに新しい世界に入ったことを報告するんですね。けれど、今年はそんな気配がなくて、「和子っていう名前だけ聞いた」っていうんです。

それでおかしいなって思って調べてもらったら、電文を読まずに送信者の名のみ読んだのですね。はしょっちゃったんですね。地元の小学校で祝電を読まれなかったのは初めてですね。入学式では市会議員とか、国会議員とかが挨拶もしますし、そういう方の祝電も読み上げられていたのですから、残念でしたね。

以前は子どもたちが緊張してるだろうから、私が座っているだけでも励みになるだろうと思って入学式の招待席に座りました。

偉い方の紹介とお話の後、その他の人たちのご挨拶がありますが、みんな「○○でございます、おめでとうございます」と全て同じですよ。子どもたちが学問に向かう人生のスタートの日にせっかく招待されたのに、本当にこの人たちは子どもが生きていくことをどう思って来てるのかしら、ちゃんと考えて来てたら、こんな挨拶や言葉じゃ済まないいんじゃないかって、がっくりきちゃってね。それで「よし、この時間を有効に使わないともったいないぞ。同じ秒数を挨拶のためにもらえるなら、少しでも子どもに素敵な言葉を私らしく贈るのが務めだろう」と思ったんです。で、「孫悟空のように元気に活躍してください」と挨拶しました。そしたら招待席に座っていた人たちの「変わり者だなあ」というような視線を感じました。

この言葉は「いなほ」で「西遊記」に出会って大好きになった子どもたちなら、一言でわかる挨拶なんです。そんなことがあったものだから、それからは他の人が読み上げてくれる祝電でもいい、想いを込めて一生懸命書こうと、あるときから切り替えたんです。しかし、それも読まれなくなってしまってはね。残念ですねえ。

入学式の列席者は、ありきたりでなく、思いのたけを、それぞれが感じる出発の言葉を子どもに贈るのが、素敵なことだと思いますけどね。

うちの卒園児の親御さんたちも、今回私のお祝いの文章が壁に貼られてたなんて気がついていないようでした。ここに子どもたちがいたときは一生懸命だったのに、入学すると、もう、親は子どもがうまく学校に適応してほしいっていう〝目〟だけになるのでしょうか？

今の学校の〝目〟になっちゃうのでしょうか？

「いなほ」にいたときは、ここの保育のやり方に共鳴して靴下なんて履かないほうがいい、牛乳は飲まないほうがいい、卵は食べないほうがいいって言ってた人たちが、急に靴下を履かせて、牛乳はガブガブ飲ませて、卵のお料理も「先生の言うことを聞いて食べてきて、良かったわね」ってやるわけです。

ほとんどのウシやニワトリは有害な配合飼料を食べていると思いますからウシの乳、ニワトリの卵は、人体によくない影響を与えると思います。だから、「いなほ」では給食にはとりいれていません。それを理解していたはずなんです。

親御さんたちは今度は「いなほ」に背を向けた側になるんですね。意識してそうなるんじゃないんだけどね。「どうして皆さん昨日まで右だって言ってたものが、いきなり左になれるんですか？　なんで子どもの保育に『いなほ』を選んだんですか？」って言いたくなりますよ。

これじゃ子どもたちもどんどん変わっちゃいます。

子どもたちも全然違う顔になりますよ。

あの生き生きしてた子たちがみんなツルンとした顔になりますね。で、学童(保育)でここへ帰ってくるでしょ、それでカバンを置いて、学校へ行く服を脱いで遊び出すと、みんなまたこっちの姿になるの。それでもだんだん「いなほ」の姿は薄くなってっちゃいますね。

ですから私も、学童だけはなんとしても入れておいてくださいって、親たちには言うんです。「いなほ」は学校へ行った子どもたちの放課後を学童保育であずかっているんです。みなさん来てくれて、でも学校の時間が長いからだんだん疲れてきちゃうんですね。疲れて学校へ行く顔がそれまでは仮面だったのに、だんだん仮面じゃなくて、本面になっちゃうんですよ。

あっちのほうに行くときは、学校をあっちなんて言っちゃったけど、私から見れば、あっち側なんです、言葉づかいから何から全てそれ用になるんです。

だから今日までなんですよ。卒園したばかりの子どもたちが、和やかに幸せのままの顔でいられるのは。

いなほ人

「いなほ」の子は、自分たちはよその幼稚園とか保育園とかから来た子どもたちと、保育や育ち方でどこかが違ってたんだっていうのは、学校へ入ればすぐ気がつきます。

相手の気持ちを読み合う、心の通じ方の違いに気がつくんです。

「お前たちは、いなほ人だ」って他の子どもたちが言いますから。汚い、字が書けない。パソコンをやったり、ゲームをやったり、そういうのを知らないじゃないか。だから「おまえたちはバカだ」みたいな言い方をされます。差別ですね。

あんなに賢く、体力があって、体を動かすことでは強いはずの「いなほ」の子も、走るのさえ遅くなっちゃうんですよ。気力がなくなっちゃうからです。走るのが抜群だった子でも本気が出ない。なぜでしょう。ここが重要です。そして「いなほ」の子はおとなしいというふうに言われる。あんなにすごい力を育てて、卒園したのに、学校での見方によって、こうして変えられていってしまいます。

「いなほ」にいればみんな友達で、みんな一生懸命遊んでいるのに、学校に行けば、友達が作れない子になっていく。そうさせられてね。

友達と遊びを作り出し、考え、あんなに体を思い切り動かして遊んでいた子どもたちは、学校の規則に嵌《は》められるんでしょう。

机に座らされて、「走ってはいけません」「しゃべってはいけません」っていう中でね。

一番困っちゃうのが授業のときなんですよ。

今までは解らなかったら「こうすればいいんだよ」とか、みんなで教えあっていたんです。そうやって一緒に疑問を解決して伸びてきたのに、それをしようとすると、それは学校では一番いけないことなんですね。人の面倒を見たり見られたりしてはいけないんですね。

学校と「いなほ」では、全く裏表のことをやってるわけですよ。

ここに学童(保育)で「ただいま」って帰って来たらクルッともうここの世界になるんです。本当の子どもの時間、子どもの世界に！

だから私は「学童にだけはなるべくみんないらっしゃい、卒園してもね」って言ってあげてるんですけどね。子どもたちは、幼いうちに二重世界を見てしまうわけです。

私は「学校に行ったらあなたたちの世界だからね、自分でおやりなさい」って言います。

「和子さんはここまで」って。

「あなたたちはやれるだけの力を全部つけて卒園したから」って。

それは本当だから言うんです。

「いなほ」の保育は、世間的にはここまで来るまでずいぶん大変でした。世の中がこういうことになってどうしようもなくなってきたら、「いなほ」をそうそう否定ばかりはしていられないぞっていうふうに学校も最近はなってきました。でも私からすれば、まだ全然振り向き方が違うんですね。

ここの子どもたちが大きくなったら疑問や問題にぶつかっても「方法論はいっぱいあるよ」と思うでしょうね。「いなほ」で乳幼児期のときに、泥んこになって騒ぎまわって、何でもやっちゃえっていう感じでしてたことが、ある年齢になると、自分で今度は考えてしゃべっていくときのベースになっているかなっていうふうには思っています。

学校に行けば違う社会があって仕方がないとは思わないです。許せないこと、賛成できないことはいっぱいあります。だけれども親権者は親御さんですから。親御さんが選択することは強制できないです。

けれど卒園させたときに、人間の一番大事な、人生のベースである乳幼児期がしっかりやってあれば、根っこがあるんだから芽は出るって思っています。それだけは信じてるんです。根っこがしっかりなかったら、芽が欠けたら後は出ないけれど、根っこさえあれば踏んでも摘まれても何度でも芽は出すでしょう。そう思って、巣立った子どもたちをみつめています。

新しい仲間

23人卒園していって、4月9日現在で、新しく入って来た子は10人くらいですね。

それでも、うちの場合は4月からっていうんじゃなくて、これから生まれる赤ちゃんが来るだろうし、それから引っ越してきたから入れてくれとか、夫婦で働くようになったから入れてくださいとかって随時《ずいじ》入園してくるんです。

だから入園式というのは、改めてしなくて、まあ新学期が始まったという気持ちですね。新学期が始まった日に、例えば「やまめ」に進級したら、一人二人新しい子も入っているなという感じ。「いなほ」の場合には新しく来た子もすぐに溶け込みます。今までいた子どもたちが、そういうふうに新しい子が来るものだと思っているから。仲間が増えたんだよねっていう考えです。

今年は、明日から新学期が始まるっていうときにも「すぐにでも入れてください」って来た方がいました。もうわかるんですよ、この人はどこの園でも断られたんだなって。

断られるのは、子どもが大変なハンディを持ってるからですね。少々のハンディじゃないだろうなと。ご両親もきっとそのために園と上手くやっていけなかったんだろうなって。これはすぐ直感でわかります。

卒園生の森田君のお母さんが、卒園の会で、ほかは全部断られたって言ってましたでしょ。今回の方は、森田君よりもっと大変でね。年長さんで受け入れていくのですが、大変です。すでに他の子は「いなほ」で保育して6年間貯めた、円熟したところに入って来るんですから。

私は基本的には、どんな子も拒まないでやってきました。

どこへも行くところがないんじゃ大変ですよねって。だから、「いいわよ」っては言うんだけどその後で、私たちが「さあ大変」になるわけでね。その子は年長の「いがぐり」に入って、次の日から毎日来ています。誰が一番大変って、私です。

親御さんは嬉しいと思いますよ。

入るときですか？「少し遅れをもってらっしゃいますか」とか、そのくらいは聞きます。親御さんはなるべく困難なことは隠しておきたいでしょ。自分がもしそういう子を持ったら、やっぱり言わないでしょうね。わかっていても健常児と一緒にみてくれたら嬉しいなって思いますものね。だから私は障害の症状や病気についても初めは根ほり葉ほりは聞かないんです。そういうレッテルで判断しないんです。その子がここで発達し、親が安心して私たちにうちとけてきたころ、少しずつ聞いていきますし、わかりますから。

うちの子どもたちは慣れているから、そういう子でも当たり前に受け入れて遊んでいきます。でも本当に紙一重なんです。一つ間違うと「いなほ」の保育が全部だめになる。そうやって、受け入れてしまうと、その子に何かあったときには全責任をとらなきゃならないわけですよ。

だからレッテルをつけて、こういうことがハンディで、こんなことくらいはできなくて当然、これこれこういうことはやらなくてもいいんだっていうふうに、きちっと親と園の間で一札取り合ってやってるんならいいけど、うちのように健常児と同じように、全て一緒にやっていくことはもうほとんど命がけです。

例えばね、うちの子たちって、２０００メートルの山でも行けるように育っているから、行くでしょ。だけどそういう子は突然山に登ったら、高山病になったり、どうなるかわからない。本当によくよく見極めてやっていかなければ大変です。

無菌状態のお部屋に暮らしていたような状況から始まるんですからね。とは言っても、その子も他には行けなかったんですから、私も力を出すしかない。どこから私もそんなエネルギーが出て来るのかわからないんですけど、やっちゃうんですね、こういう保育を(笑)。

テレビで放映された「いなほ」の番組を見て、「いなほ」に入った子がいました。その子はガチョウのガッチョが気に入っちゃって、ガッチョちゃんと遊びたがるんです。うちのガッチョってすさまじく凶暴なんだけど、その子は平気で傍《そば》に行くわけ。それをお母さんはのんびり遠くから見ているのね。

職員たちは、その子はまだ2歳児だから、「あれっ、ちょっと危なくない?」って思うんです。普通だったらまだ小さいから親も傍に寄り添いながらガッチョを見るわけです。「どうしようか。誰か行ったほうがいいよ」って保母が言っている間にパクンってくちばしで噛《か》まれちゃったんです。映像だけで「いなほ」を見てきているから、そうなんです。絵本やお話のように動物はみんな仲間だと思ってるんです。動物が危険だとか、怖いこともあるっていう実感が、若いお母さんたちはないの。みんなきれいごとで考えてしまっているのね。

その子は泣くよりも何が起きたんだろうっていう顔をしてた。今までそういうことに遭《あ》っていないから。それで先生が「大丈夫?」って一生懸命さすってあげたりするんだけど、本人はわけがわかんなかったらしいの(笑)。

こんなふうに新学期が始まれば、また毎日毎日いろいろさまざまなことが起きるんですよ。そうそう、「いなほ」では字を教えてないでしょ。卒園した子たちはもらった卒園証書にとってもいいことが書いてあるというのは知っているけど、読めないから、学校で一生懸命字を勉強してこれを読むのが楽しみなんだって言ってくれてね。

本当は子どもたちは、最初はそうやって学校へ楽しみに行くわけです。

20年目の大プレゼント

話が飛ぶんですけどね、ここの借地は3月で一応お借りしている期限が切れることになってました。それでこれからはどうなるのかって心配してたんです。それでも3月31日の卒園式が終わるまでは、地主さんの所には行けなかったんです。「だめだ」って言われたらくじけちゃうから。ですから「卒園式が終わってから行きます」って言ってあったんですよ。

そしたら向こうから「あと20年使っていいですよ」って言ってくれたんです。あと20年ですよ！　地主のおじいちゃんはいっくら長生きしたってもう80歳くらいになってる方ですから、あとの20年は難しいですよね。「だから、私が死んでも大丈夫なように、ちゃんと家族に言っておきました」って。そういうお歳《とし》ですから、死んだときにどうなるかなんてとても怖くて私からは聞けないのに。ご自分から言われちゃうと、目だけは泣かずに、しっかりおじいちゃんを見ていなくちゃいけないからそうしてましたけど、首から下は全部涙が流れてました。

それで「せめてお礼だけはさせてください」って言うと、「それはいらねえ。いらねえのはいらねえ」って。お礼したいけど、お気持ちもわかるから、心を本当に頂いて、何かまた機会をみて、お礼をしましょうと思ってね。

嬉しかったですよ。そのお気持ち、心が。

私も頑張る気が出てきました！

そのおじいちゃんは厳しい人なんです、頑固だし。すごいおじいさんです。眼光鋭くってね。おじいちゃんのお父さんっていうのが、外国まで行く船の船長さんだったみたいですね。ですから厳しいときは厳しいですよ。やっぱりそういう方ですからね。

意見でも、右にも左にも、自分の意志をはっきり通す方ですよ。

でも言ってくれました。「孫も６人世話になったし、『いなほ』を卒園した子は悪いことをしてる子はいないから、これからも頑張って保育していってください」と。

「いなほ」が全体で10人ぐらいの地主さんから４０００坪借りている中で、その地主さんは一番広く貸してくれている地主さんです。

おじいちゃんの名前は小峰光博さんです。

「いなほ」がここにきて20年、開園から25年お世話になってます。わたしたちにとっては20年目の大プレゼントですよ。感謝、感謝です。

卒園生がみんな集まってくる日

今日の入学式には、いろんな世代が勢ぞろいしちゃった。27歳になった卒園児が自分の嫁さんを連れて、記念樹をかついで来てくれたんです。前触れもなくみんな来るんですよ。

それからもう一人、26歳の卒園生で17歳離れた人と結婚した人も来ました。17歳女の人が上なんですって！　そのお嫁さんと一緒に卒園式を見に来てて、そのお嫁さんが40歳と42歳のときに産んだ子を「いなほ」に預けたいと一緒に来てくれたの。

男の子がここの卒園生だから預けたいと思ったのかなと思ったら、そのお嫁さんが卒園式も見て感動して預けることに決めたんですって。

卒園生のその子はね、療法士をやりたいって言ってたんです。マッサージ師ですね。それで鹿児島にすごい腕利きがいるからって、修行に行って勉強をしたんです。帰りに、お嫁さんと子どもを連れて帰って来たから、ご両親が仰天しちゃって。それで自分で開業したんですって。なかなかやるなと思って。いい仕事を選んだと思いますよ。

もう一人ね、19か20歳で結婚した女の子がいたんです。その子は18歳のときに「和子さーん」って泣いて訪ねてきて、「子どもができちゃった」っていうんです。

「できたものはいいでしょう。天に輝く星の1個が来たわけだから、どこにもないんだから、あなた産むしかないですよ、当たり前ですよ」って言いました。で、産んだんですよ。だけれど、相手の方がお父さんになれないんですよ。お父さん役をしなくちゃっていうと、なんか機嫌が悪くなっちゃうんですよ。それ流行りですね。

それで「あの人と本当にやり遂《と》げていくのはどうしても無理だから」「誰の世話にもならないで、一人立ちできることをしなきゃならないから」って、また相談に来たの。しばらく自分でよく考え直してもらう時間を経て、「やっぱり独立する」と言ってきたので「あなたが思うならやったら」って勧めたら、看護師になるっていうんで看護学校の試験を受けて入ったんですよ。子どもはここに預けて、自分は今働きながら学校に行って、資格もとってやってます。その方も今日来てたわね。

「県立高の試験が受かったので、今日が入学式でした」っていう子も来ましたね。

中学に入った卒園生が10人くらい詰《つ》め襟《えり》で来てたし、みんな卒業のときも来るけど、入学のときもこうやって挨拶に来てくれるの。誰が決めたわけでもないんだけれどね。あー、本当に今日は大にぎわいで新しい香りが一杯!!

卒園して大人になって、まだ「いなほ」を想ってみんな来てくれる。一番の喜びのときですね。

卒園式が終わると4月は春の嵐ですね。

時代が変わってきています。一歩下がってゆっくり見れば、このままじゃ森林はなくなっちゃう、動物は死んでいっちゃう、地球は大変だっていうことが見られるはずなんですけど、それが見えないんでしょうか。

そのことに気が付ける人間を育てるのが本当の勉強であり教育だと思うのですが。

そんなわけで、子どもたちが4月の嵐の中に出ていくのを見送る気持ちはとても複雑です。

6

行く先のない遠足

（5月）

北原園長が声をかけてくださり、5月6日、彩の国さいたま芸術劇場小ホールで上演された演劇「四つの肖像――母たち」を観に行きました。「いなほ」のけやき組（学齢期）の子どもたちも来ていました。

舞台は一人芝居で母としての4つの心象が描かれる哲学的なもの。そしてその芝居と芝居の間に、チェロやピアノの演奏、フラメンコの舞台が挟み込まれるという構成です。

「えっ、こんな大人の芝居を子どもたちは楽しめるの？」と開幕前に驚きました。

途中に休憩があり、子どもたちの様子が気になってその姿をおってみました。

女の子が数人、今見たばかりのフラメンコの振り付けを座席のところで、楽しそうに踊っていました。フラメンコを踊ったのは、「いなほ」の卒園生でフラメンコの世界で、今最も注目される若手の一人だそうです。その踊る姿からは、踊ることが大好きという気持ちが全面的に伝わってきます。またその姿は衣装も髪飾りもとても愛らしく、子どもたちがその姿に魅了されるのも、さもありなんというものでした。

一人芝居で描かれた母たちの心情は子どもたちには、まだ理解できないかもしれません。でも、その薄暗い空間で演じられる演者の熱意、ピアノやチェロが奏でる美しい音色、そして妖精のようにフラメンコを踊る自分たちの先輩の姿は、心のどこかに何かを残すに違いないと納得できました。

北原先生は「本物を見る、聞く、感じるというのは保育の大事な一側面」と位置づけています。

さて、緑のきれいな5月。「いなほ」の子どもたちは、遠足にも出かけて行きました。

どこへ行くのかわからない遠足

遠足は5月の19日、土曜日でした。

「いなほ」の遠足は原則的には春1回です。ゼロ歳から年長、けやき組、学童、その親たちまで全員同じ所に行くんです。「いなほ」のことだから小ギレイな定番の遠足じゃなくてね、子どもたちも親もどこへ行くかもわからないんですよ。子どもは慣れてますから、そんなことは驚きもしませんね。そういうもんだと思ってます。

行き先を隠しておくんじゃなくて、天候やいろんな事情や状況や、子どもの体力などいろいろ見て決めるんです。その状況によって変えちゃうんですよ。この様子ではそんな所へ行ったって面白くないって思ったら、その日に変えるんです。

19日は朝はダメかなと思ったほどすごい雨だったんです。

ええ、もちろん天候が悪ければ、遠足の日にちが変わるときもあります。でも今年は、この後いろいろな行事が目白押しにあるし、若いお父さんお母さんたちにとっては決行したほうがいいだろうなと思って、雨天でも行けるように、きちっと揃えたんです。雨でも全員行きます。赤ちゃんも行きます。赤ちゃんのためには布団やビニールシートも持って。

今年は8時50分に出発しましたね。そのころは小雨になってました。

朝、子どもたちは親と一緒に来て、そのまんま大型バス5台で行きました。親御さんはお父さんお母さんとも参加する家が多いですね。それと、こんな楽しいことは今の時代では味わえないからって、卒園した学童の親たちはもう何度も行っているのに、みんないそいそと来るんですよ。ですからバス5台。総員250人くらいでした。

行き先は、いくとおりも考えてあって、その中から一つを選ぶわけです。子どもの体調や天気で決めるんです。保育は全部そうです。子どもと天気なんですよ。

相当なエネルギーを使っても大丈夫だっていうときはそういう所にしますし、ちょっと体調がぐずっている子が多いなあと思うときはそれにあった場所にします。大きい子は元気だけど、赤ちゃんが生まれたてが多くて、それでも行きたいっていう人がいっぱいいるときには遠出は無理だとか、いろいろ考えて。

自分の家でみなさんが遊びに行くときに決めるのと同じですよ。

年老いたおじいちゃまおばあちゃまがご一緒するときは、あんまり無理な所にはしないで、この辺にしようと考えるでしょ。元気な若夫婦と、子どもがぴんぴんしているときは、ちょっと冒険したいと思うでしょ。体調が良くなければ、それなりの場所に行くでしょ。同じです。無理は禁物、でも簡単すぎても面白くないでしょ。

今年行ったのは、千葉県野田市の清水公園。高速じゃなく、一般道で行きました。バスで「いなほ」から2時間半から3時間ですね。子どもたちにとっては遠出です。

8時50分に出て、お昼ちょっと前に着くぐらいですね。

目的地は乗る直前に決めて運転手さんに言いましたね。運転手さんも突然言われて行くんです。こんなやり方には誰も慣れてないですよ。だからこっちも命がけですよ。運転手さんだってそうですよね。だから一つアクシデントが起きたらおしまいですよ。それでもそれに賭けながら行くっていうのは、相当子どもたちのことがわかっていないとできないんです。

私たちはそういう生き方しかできないから、自分たちの感覚を信じてやってるんです。子どもたちもみんなそうだからできるんです。

時間が迫って来ると、運転手さんは心配だから「どこへ行くんですか?」って聞きますよ。行き先が決まると運転手さんの中には、「俺はそっちのほうを知らない」って方もいますが、今は携帯があるからそれでやりとりして行くことができます。

私は、今子どもが何をしたいと思っているかを一番大事にして行き場所を決めています。何を一番好むだろうか毎日感じ取っているわけですから、今はこれがいいだろうっていうのがあって決めているんです。思いつきじゃないんです。

清水公園は私は前に行ったことはあるんですが、公園もどんどん変わっていますでしょ。ですから行ったことがあるからって油断はできないです。

雨の日だからって、屋根がかかっている場所があるとかの選択はしないんです。降ったらみんな木の下にいればいいし、それでもダメだったらバスの中に戻ればいいんです。そのときはバスの中で楽しいことをすればいいですから。

バスは親と子は別です。親は親のバス、子どもは子どものバス。

ゼロ歳児と1歳児だけは親子で同じバスに乗りました。

そのときには、お母さんたちが自分の子どもを抱っこしているんです。そのバスにも赤ちゃん組の先生たちが乗ってます。こういうときは学童は一番どんじりのバスになっています。

4歳と3歳が一緒とか、その年の人数や組み合わせで編成するんです。


お弁当はみなさん、自分の家で作って持って来るんです。

お弁当のスタイルもここにいるとみんな変わってきます。「いなほ」で子どもたちが日頃食べているものを知っているので、食事に対する関心が親御さんたちも高くなっていますね。自分たちの食事と違いがあるから、初めは「いなほ」の食べ物を見るとハッとするんでしょうね。

私たちは一番良しと思うものをふだん食べているわけだから、遠足でも、いつも食べてる大根、ニンジン、ジャガイモとか、やっぱりそういう根菜に野菜。どれも手をかけなくちゃならない材料が中身のお弁当になってきますね。

飲み物はみなさんジュースとかは持ってこないですね。麦茶かウーロン茶かお水です。

私は弁当も飲み物も何にしろとか、何はだめとかいっさいそんなこと言いませんし、何を持ってきているのか見もしないです。だけど、上から下の子へ、下の子からまた下の子へ、どんな物がいいのか伝わっていきますし、子どもの生活を見れば、親たちも自然に察しますよ。今年新しく入った園児のお母さんは、そういうのを見たら、とまどい、どこかハッとすることがあるのかもしれませんね。

普通の保育園児のお弁当といえば、ソーセージとか空揚げとか卵焼きとかが定番ですね。うちは違いますね。「いなほ」はお弁当を持って遊びに行くことが多いんですけど、外部のみなさんがお弁当を覗《のぞ》いて「よくこんなふうに母ちゃんが作ってくれるね」ってびっくりしますね。だけど子どもにしたら普通のことだからキョトンとして、言われたことがわからないらしいです。

先生たちも遠足には自分たちでお弁当を作っていきますけど、これだけ目一杯仕事をしていますから、とくにお願いしなくても園児の親たちが作ってくれたお弁当が届くんですよ。自然発生的なんです。ありがたいことですね。

それでも、今日は先生たちが自分で作れるって思うときには差し入れは少ないのね。そういうときは必ずこっちもちゃんと用意しているんです。だから暗黙の了解ができているんです。お互いが何をして生きてるかっていうことが、わかり合わないと、これはできないです。

親も保育園の様子を見て、自分で考え、育つようになったんですね。

これってすごく難しくて、他の人に教える話でもないし、教われる話でもないんですね。

親御さんたちも、園を見ていて、そういうことだったらお手伝いできるわって思ったんじゃないですか。そうやって参加できるし、しなきゃいけないというふうに思ってくれているんでしょうね。園は園だけでは成り立ちませんからね。

ですから私も行事のたびに手書きのお知らせの新聞を作って、お手紙を書いて全部出しているんです。

親御さんたちの世代が交代しちゃったんで、交代した若い親御さんとどう向かい合っていくか、大事なことですから。

出　発

運転手さんがかたまってペチャペチャ話をして待っている所へ「今決まりました。この天気だから、千葉県の野田の清水公園まで行きます」って言いに行って、それでもう出発です。

私は1号車に乗りました。そこは「けやき」と「いがぐり」の子だけです。そこでいよいよ、今日の保育と授業が始まるわけです。平素とまるっきり同じですよ。ただ座っているところがバスの中だっていうことです。

バスの中の保母の組み合わせはその力量で決めています。この保母さんだったらこれだけはしっかりまとめられるし、きちっと充実した保育がやれるって。ダメだったら変えちゃうんです。人数とかそういうんじゃなくて、一番大事なのはそのバスの中でどれだけ充実して過ごせるかなんです。遠足は大事な保育ですから。

バスの中で何をやるかは、それぞれのバスで先生たちが決めるんです。普通だったら、遠足のしおりができていて、歌もきちっと載ってるというのが定番ですけど、うちはそれぞれがその場で決めていきます。それができるから。

座る席は勝手です。だけどちゃんとテリトリーみたいなものがあるんですよ、日ごろから。どんな場においても、かたまる人間集団が。バスに乗っても、同じように集まってますね。

今年けやき組に進んだアマネちゃんたちも、ちゃんと「けやき」の席です。年が近くても「いがぐり」の仲間じゃないんです。ですから、みんなが自分の席を決めちゃった後、新参者は最後のあいているところに配置されるのね。みんなそうなんです、最初は。学校に行ってもそうですよね。今まで幼稚園でも保育園でも最高学齢であったのが、学校へ行ったら1年生で、ちいちゃくなっちゃってます。

アイちゃんは専門部だから、「けやき」と「いがぐり」の間にいつもいるわけです。

1号車はけやき組と、いがぐり組で47人でしょ。それで職員が4人。だからちょうど51人。席は勝手だけど、一番後ろの真ん中に座る子には「命がなくなるからね」って注意します。1号車だけ補助席がないから急ブレーキがかかったりしたら、前のほうへ吹っ飛んでしまいますからね。「危ないよ」って脅かしておくんです。でも、「そこに座ってはだめだ」とは言いません。そこに必ず座る子がいます。バスの中だから、こっくりが始まるじゃないですか。そこに座った子は「危ない」と言われているから、眠りそうになっても足だけはつっぱって眠ってるのね。

私は一寸《ちょっと》も休む間がないですよ。そこに座ってもいいと保障してあげたのだから、何か起きたときには、守ってやらなくちゃならない。自分がきつくなることだけれど、それが子どもには楽しいことだから。こういうことも大事なんですね。

ガイドさんは今回はいなかったんです。

いつもお願いしているので、バス会社は「いなほ」は24日に遠足に行くだろうって勝手に決めて配車して動いていたんですよね。それで私たちが「19日ですよ」って言ったら「19日じゃうちのほうは揃《そろ》えられないし、ガイドは全部つけられない」と。それでもいいからと言ったら、いろんなバス会社から車を集めて間に合わせたのね。寄せ集めなんですよ。

こんなの普通の学校じゃ大問題でしょうけど、うちらはもう嬉しくて。ガイドさんがつかないから自分たちの思いのたけをやろうっていうんで。ガイドさん流の挨拶で「みなさんはお利口さん、いい子です」なんて言われたら、ここの子たちはみんなキョトンとしてしまいますからね。その上、ガイドさんがいない分だけお金は安くなりますからね。

バスの中で遊べることが山のようにあるから、楽しいんですよ。

おやつも全部手作りです。子どもはおやつを持って来ないです。お弁当だけ。おやつは保育園のほうであんまり甘いベタベタで終わらないように、しっかり考えて、今年の子にあった物を、いろんな種類を1個ずつ詰めて持っていきます。

おやつも保育の延長ですから大事なことなんです。今年の子がしっかり咀嚼《そしゃく》力があれば、その強さに対応するだけの物を入れます。だから毎年同じっていうのはないです。おやつ袋を作らなきゃならないから前の日はみんな大変ですよね。夜中までかかって職員全員でやるんです。

バスが出発したら、2時間半、ノンストップです。

この天気じゃまず行っちゃうほうが先だって思うときは、一気に行っちゃいますね。到着が11時くらいか11時半くらいになりますよね。そのくらいまでだったら、この子たちは膀胱ができてるからトイレタイムはいらない。膀胱ができていなかったら絶対できないです。だから間違えられると困っちゃうんですね。実はそこまで育っているというしっかりした裏づけがあるからできることなんですね。膀胱筋がきちっとしていなかったら、これは無謀になりますからできないです。でも、今年の子たちだったら大丈夫。だけどそこが限界だろうから、一足飛びにノンストップで行っちゃおうと、そういう計算ですね。普通なら絶対行かれないです。

2時間半の間、歌を歌ったり、バスの中でも踊りもできますよ。踊るのはいろいろありますから。心で踊ればいいから。心で踊れることが、伝わりあっていけばいいわけです。

バスの中はそれぞれの保育士がみんな自分の腕で、いかに盛り上げて、意味のある充実感のあるものにしていくかって考えてやっています。みんなずっと私と過ごしてきてわかっていますから、とてもいい状況をやってくれますね。私のやり方や考えをのみ込んでくれた職員たちが大勢いますから。

親のバスに乗る人もやっぱり親向けの何かをします。だけどあくまでもここは保育園ですから、ベースになる話題っていうのは保育です。すべて保育から広がっていく話です。

普通の遠足だと順番に親が子どもとそこそこに歌えるような歌をご披露して、「みんなよくできました」「みなさんよく歌えて今日はいい遠足でした」で終わるんでしょうけど、「いなほ」は、そんなことは、いっさいないわけです。

本質的な歌に入っちゃいますから。聞いてるだけでも親は気持ちがよくて、子どもっていうのはこういう歌声の中に育って日々を暮らしているのかっていうふうに感じてくれます。子どものもの、大人のものっていうのではなくて、必然的に一番必要として生きているそのものが、そのまんまそこにも存在していく。そういうことが、たぶん親にとっても、遠足が気持ちがよくて楽しかったっていうことなんだと思うんですね。だから親子で一緒に座れて、一緒にお菓子を食べて、お遊戯みたいに一緒に歌って、手をパチパチトントンで終わりっていうのではないです。いなほ保育園が間に入ることで、普通なら家で見られないものを親と子が感じ取れると思っています。

子どもは一緒に行っている親そっちのけで、子ども同士で固まっちゃうんですよ。「おかあちゃん」なんて甘える子は誰もいない。ゼロ歳の子だけは抱かないと乗れないから別ですけど、みんな子ども同士で話をして、いろいろ歌って遊んでね。

親はふだん育っている姿がそのまま見られるから、とても嬉しいと思いますね。

雨の公園で

公園に着いたのがちょうど11時でした。11時だから、みんなお弁当を食べたいでしょ。どこで食べましょうって言わなくてもね、ちゃんと自分たちでいい場所を選んでできるんですよ。お弁当を食べて「あとは勝手に親子でどこでも好きな所へ行ってらっしゃい」なんです。時と場合で、ここは職員たちが子どもをダイナミックに、ものすごく揺さぶるほうがいいなっていうときは一緒に遊んだりしますが、今回の遠足はそうじゃなかった。

幸いというか、そんな天気ですから公園に他の人はいないですね。フィールドアスレチックもあるんですよよ。アスレチックっていったって、失敗して輪をつかみそこねたり、敷いてある木を飛びそこねたりしたら、全部水に落っこちるようになっている水辺のアスレチックなんです。だから別に雨が降っていたっていいんです。落ちれば同じなんだから。「いなほ」の子は水と遊んじゃうから。噴水の迷路に入ったりね。

うちはどこへ行くときでも着替えを持っていきます。

今回のように公園に行くとかいうのは「いなほ」では珍しいですね。

いつもはほとんど誰も行かない自然の中にいきなり踏み込んじゃうんですね。5、6月はマムシとか出るでしょ。だからマムシが出てきても、覚悟しておいてくださいよっていうくらいの所に行っちゃって、沢ガニを獲ったり、魚を獲ったり。トイレもなきゃ水道もないときなんかは、ポツンとある遠くの家に契約をしてトイレを借りるお代金をちゃんと払っておくか、携帯のトイレを持って行くんです。

今回は公園だったから、贅沢な、楽ちんなほうの遠足なんです。

普通、土曜日っていったら満杯になっちゃいそうなもんですけど、やっぱりみんなが行きたいところは、最近はこういうところじゃなく、遊園地なんですね。遠足でもディズニーランドっぽいところになってますね。求めるのはテレビの延長線の楽しさなんですよ。お金をいっぱい使って、リッチに過ごせて、そういうほうが楽しいと思ってしまっているんでしょうね。

地味なアスレチックなんか流行らないんでしょうね。

「いなほ」の子たちは何もなくてもいいんですよ。行ったら自分たちが遊びを作って遊んじゃうから。自然があれば。雨だって平気だから。

例のジェットコースターの事故が他の遊園地であったから、アスレチックも使えないものが多かった。「楽しみに来たけど、やれないよ」って最初は子どもたちが言ってくるけど、私は「あっそ」って言ってるだけ。勝手に遊び出すに決まっているし、そのとおりになりましたね。
赤ちゃんたちでも、雨が降っているからバスの中で遊んでいるなんていう親は誰もいませんよ。小雨でしたから、みんな傘をさして乳母車ガラガラね。

お父さんたちも喜んでましたね。みんな通常はオフィスでしょ。だからこうやって緑を見て、ゆっくりお弁当を食べて……。親のためにも本当に良いことですよ。

4時には園に帰って来なくちゃいけないんです。赤ちゃんも一緒に行っていますからね。2時には清水公園を出るようにしました。

子どもたちは大人に媚《こ》びることもないし、なんかやってみせてやろうとかっていう気はまるでないです。帰りのバスなんかでもね、「おやつを食べたら寝ちゃうんだ」とか、いろいろ言いながら乗り込んでますでしょ。親は、そうか、ああやって寝ることも自分で決めてやっていくんだなとわかるわけね。おやつが嬉しくて、お話も聞き、歌も歌い、良い気分になると眠くなって、自然に自分たちでおだやかに眠ってしまうんですね。帰り時間のころになると3歳くらいだとやっぱり寝るんです。いつも「いなほ」では、お昼寝をしますから。4、5歳あたりからは起きてずっと楽しんでますけどね。

保育園、学校組、父母、卒園した子の父母、学童の子らがみんな参加して、緑を味わい、和《なご》やかな、楽しい遠足でしたね。

7

園で行われた結婚式

（6月）

いなほ保育園の先生の一人、芳野真理さんが結婚式を保育園であげました。

園庭も含め、園全体を結婚式会場に仕上げた6月2日のその日は、2歳以上の子どもたちも全員参加です。晴れた空の下、園の〝くろやま〟の方角から緑の木々のアーチをくぐって現れたお嫁さんは、白無垢姿。縁側にお客様として座っている子どもの目が、いっせいに花嫁花婿に集中します。

得意の韓国や沖縄の踊りを披露したり、ウェディングドレスの裾をもつ役をしたり、クラッカーで祝砲をあげたり、子どもたちもいろいろ役割があって大忙し。

その合間にご馳走も食べ、とにかくこの日は村をあげての祭りのようなにぎやかな時間が流れていきました。

歓談の時間には、ホールに敷かれた赤いじゅうたんの先にある新郎新婦の席に子どもたちが、次々に花を持って訪れます。花束ではなく、園庭のどこかに咲いた1輪の花を、少し見上げるようにして「はい」とさしだして、にこにこして何も言わずに去って行く子もいます。お嫁さんもにっこりして微笑むだけ。「先生、大好き。おめでとう」という気持ちが子どもの中にあることを象徴するような、なんとも素敵な光景でした。

子どもたちの心に喜びの記憶を残すように、北原先生をはじめ職員の方々が徹夜を重ねて準備したこの手作りの結婚式が、6月の保育の柱とのことでした。

6月の季節の中で

梅雨の前の初夏の萌《も》えるような緑の時期ですね。初夏は私たちを引っ張ってくれる時期。梅雨のときはたっぷり水がすべてのものに潤いを与えて、その後にカーッとすごい猛暑になるわけですけど、その前の初夏の輝きっていうのはすごく素敵ですね。さわやかで、これから躍動的になっていく、もっともきらめきの強いときだと思いますね。

4月、5月とはまるっきり違います。

「いなほ」では初夏とか、緑が濃いとかっていうことを、保育の中に取り込みます。今年でいえば、それが結婚式でした。この話は後でしますね。

4、5月というのは進級や新しい園児が来たり、それまでと違った新たな編成の中で、子どもたちがうごめいてその動きをつかみとっていくんですけど、6月になると、そのうごめいてきたものが、一定の方向を持ちながら、自分たちの躍動に向かい始める出発の時期です。動きを自分たちのものにして、6月からダッシュしていくんです。

一般の保育園では、決められた枠の中のカリキュラムで過ごしていくでしょ。滞《とどこお》りなく「おはよう」のごあいさつがあって、何があって、何してというふうに、枠の中に潜り込んで行くようなことが多いと思います。

私たちの場合には、全く逆です。ますます外へ、外へ向かっていく。新しく変わったポジシヨンを起点にして、次へ向かっていくんです。

地球だって動いている。それと同じように、地球に乗っかっている子どもたちも同じように動きながら育っていくんです。

蚕《かいこ》を育てる

今、「いなほ」はお蚕のときなんですよ。あの絹を作るお蚕です。お蚕を、けやき組が〝牧場〟のとなりの小屋で育ててるんです。ちゃんとガになって卵を産むまでは見たいと言って飼っているんです。

卵を育てることは、今日本の中でやれる人がないっていうほど至難のわざになってしまったんだそうです。日本中がやっていたことが、そんなところまできてしまった現実を知っただけでも、いいと思っています。

何が残されて、何が滅びていっちゃうかっていう、わかれの時代ですね。こんなに素敵な自然のものがなくなっていくわけですから無残ですよね。

お蚕は群馬県の富岡までもらいに行きました。一人何匹も育てられるようにいっぱいもらいました。くださった方は、うちの職員のお兄さんです。群馬でさえ、今でもお蚕を育てている方は少なくなってしまって、その中の数少ない方の一人、松井春美氏です。

「けやき」の子が前から蚕を飼いたいって言っていたから、蚕を譲っていただけると聞いたもんで、すぐもらいに行ったんです。たくさんの桑と一緒に連れてきました。

男の子も女の子も、誰もお蚕を気持ち悪がらないのね。かわいくて、かわいくてね、みんな嬉しそうに抱っこして帰って来たんですよ。気持ちが悪いっていう人のほうが多いだろうけど、アザラシみたいに顔が真っ白いところに、お目々があって、口がチョコッとあって、かわいいですよ。毛も生えてないからね、気持ち悪くないのね。

蚕はフンをいっぱいするんですよ。

終齢幼虫をもらってきたんです。最後の葉っぱを食べて、糸巻きが始まって、繭《まゆ》の中に入っていくときです。この幼虫のフンは「いなほ」の動物たちと同じフンなんですよ。汚くないの。匂いもないし。草そのままみたいなんですよ。葉っぱを食べちゃ、それを外へ出すだけでしょう。だから、誰も汚いと思わないわけ。これはきれいなものだって。お蚕は桑を食べて、その桑がコロンと、フンになっただけだって、みんな言うんですよ。

面白いなと思って。誰も教えないのに、そういう感覚で女の子も男の子もみんなしゃべっているのね。

蚕を飼っているのは、今年はけやき組です。

日本中で、今は蚕を飼っている農家が30軒しかないそうです。このままなら、もうおそらく一人もいなくなっちゃうだろうって。そんなだから、今年はけやき組のやり方をよく見て、来年は年長さんにもやらせてあげようと思ってます。私たちも勉強しておかなくちゃならないから大変ですよ。

飼っている小屋を見に行くと、お蚕や繭にいたずらされないように、「けやき」の子どもたちが見張ってるんです。

今回は糸は採るのはできないそうです。今年は卵までの観察ですね。

まずは白くちゃんと繭を作らせる。その繭ができるときが土日になりそうなんですよ。だからみんな「どこも行けねぇな、えらいことだ。父の日だから、その日だけぐらいは家にいろって言われたけど、困ったもんだ、どうしようか」とか言ってましたね。そういうことはみんな子どもたちが決めるんです。

今年は繭を作らせ、そこからガが生まれて、卵を産む、そこまで見たいって言ってます。

桑の実採り

子どもの今一番の遊びは桑の実採りです。「どどめ採り」っていうんです。桑の実のこと、埼玉のこの辺では「どどめ」っていうんです。

子どもたちは大きくなった桑の木に登って朝から晩まで「どどめ採り」です。熟すと紫になって甘いんですよ。それを頬張るから口のあたりが真っ黒になるんです。すごいですよ。なかには木から落ちた子もあって大騒ぎですよ。慌てて見にいっても、血なんだか、「どどめ」の色なのかわかんないので、私も一瞬焦りました。

この桶川のあたりは昔はもっと桑の木がいっぱいあったんですよ。どこもお蚕やってましたからね。だけど、あっという間に木は伐られちゃいましたね。

「いなほ」に初期に通って来てた子たちは、暑いと、「どどめ」の下でちょっと休憩したりしてました。子どもたちは実を食べるのはもちろんですが、ジャムを作ったりして「どどめ」三《ざん》昧《まい》の毎日でしたね。

私たちは、クワギヌシッチャデービルっていって、沖縄の遊びするんですけど、その中に「雷がきたら桑の木の下に隠れなさい」っていう歌詞があるんです。

なぜ桑の木の下に行くんだろうと思っていたけど、お蚕さんを飼ってみるとわかります。お蚕をやっているところは葉を食べさせるために、桑を枝から伐っちゃう。だから、桑の木は低いんですよ。そういう低い木には雷は落ちないから、そこに隠れなさいというわけなんです。

子どもたちは6月は「どどめ採り」と、新ジャガ掘りです。

それが終わると、プラムとか杏とかできてくるから、ジャムを作ったり、ジュースにしたり、果実酒にしたり。

きのうは年長さんは梅の実採りに行きました。少し赤らんできてますね。そういうのは早く採っちゃおうっていうんでね。

全部梅干しに漬けます。

シソも植えているから。青ジソが先で、梅干しを漬けるころに赤ジソがちょうどワッとでてくる。漬けるのは6月の終わりぐらいですね。子どもたちのお弁当の梅干しは、みんな自分たちが漬けた梅干しです。甕《かめ》に漬けるんですよ、1年中食べますからね、みんな。

3歳も、4歳も、5歳もみんな見よう見まねで、梅干しの漬物をいじって遊んでます。「これはいじってもいいの」って、みんなうれしそうですよ。そうやって青梅は食べられないんだって覚えていくんですね。

梅の実が梅干しになると、自分たちで漬けた梅干しを入れたおにぎりを作って、それを持って、年長さんが登頂に行くわけですよ。2000メートルの山の登頂に行きます。

畑と果樹

ホールの所にタマネギが干してあったでしょ、あれは年長さんが畑で作って、掘ったのを干してあるんです。「いなほ」には畑がありますから、年長さんはみんな作ってます。

子どもたちは今の時期、毎日ジャガイモ掘りで、今日のお昼のサラダは子どもたちが掘ってきたジャガイモで作ったポテトサラダなんです。

ジャガイモ掘りに行けなかったゼロ歳や1歳の小さい子は、そのジャガイモを触ってるだけでもうれしいんですよね。何個か持っていって転がしたり、またそこに戻して遊んでるんだけど、ジャガイモが遊具になるわけです。それもこの時期の遊びです。

けやき組は木を植えてます。「何がしたいの」って言ったら、「畑に野菜の苗を植えたい」って言った子は2、3人で、ほかのみんなは「木がいい」「自分たちで木を育てていきたい」って。値段はちょっと高いけど、「いいわ。そのかわり、自分で責任持ちなさい」ってやらせたんです。木はサクランボだ、プラムだ、ブドウだ、柿だって、実のなるものが欲しいんですね。

木を育てるというのも、すごい勉強になりましたね。

植える場所を3回も替えたんですよ。なぜかっていうと、木は木と木の距離を置かなくちゃならないでしょ。畑の苗のようにはいかないんですよ。

男の子たちは「ここがいい」って決めて先に植えたんです。女の子たちはその近くだと接近しちゃうから、違うところにしましょうと。それで一生懸命雑草を取って掘ったら、「いなほ」が借りている土地ではなくなっていたんです。その場所はいつの間にか代替地になっていたんですね。だから「そこはだめだ」って地主さんに言われて、また探さなければいけなかったんです。借りてる土地ですから、そういうことがあるんです。それで、ここなら大丈夫だろうって掘ってたら、そこもだめだっていうんでね。女の子は4回目でやっと植えられたんです。そのうちに木の苗がだめになっちゃうんじゃないかって心配しましたけどね。

地主の方に失礼はなかったですよ。だってみんな、そのたびにその土地の草を取ってあげたんですもの。山のように草取りをしましたよ。泣けちゃうほど。でも、農家の方がどんな思いで田畑を作っているか、今回はわかったんじゃないかしら。

二転三転、その都度地面を掘っていくから、だんだん地面を知っていくわけ。地面っていうのはどこもみな同じじゃないって気がつくんです。

掘り起こしてあって、ほこほこの所にはあえて植えさせなかった。それでは本当のことがわからないからです。人が全部やってくれたところにポコッと植えるのは、温室育ちでしょ。自分で苦労してやってみなくちゃ。木は育っても、育たなくてもいいんです。そうしたら、どうして育たないのかもわかるでしょ。

とにかく自分で全部最初からやりなさいと、そういうふうにしたんですね。

そしたら、こういう所には、こんなにこんなものがあるんだとか、埋立地っていうものがあるんだとか、こういう所にはミミズが出てくるとかね、いろんなことを覚えたみたいですよ。

草はほこほこの所に生えてる。かたい所でも生えるのはどういう種類の草なんだとかね、準備をしておいて植えさせるとか、そういうきれいごとは「いなほ」ではいっさいないんです。手間がかかってもいいんです。

「やりたい」って言ってきたら「じゃ、やれば」って。「そのかわり自分でちゃんと育つまで見てよ」っていうことです。育たなきゃ育たないなりに、理由を考えるだろうし。教育は失敗するのも目的の一つですから。

ほんとにこの時期っていうのは、子どもたちは畑で遊んでますね。毎日草取りに行ったり、水を持っていったり、できたものを掘ったり、土をかけたり、暑くないうちにやっています。

「いなほ」の保母さんは、お百姓さんの娘さんが多いですからね。岩手、福島、群馬から来ていたりします。保育園が日本の高度成長期に一気に増えた。そのときに、集団就職で来た人たちですよ、みんな。ですから農作業は得意なんです。だから安心してまかせられる。

立派なタマネギでしたでしょ。育てるのが上手ですよ、みんな。

そういうふうに過ごしているから、子どもたちも、このことは和子さんに聞けばいい、これはあの保母さんに聞いたほうがいいって、ちゃんとわかってるのね。

蚕のことは群馬の人に聞いて、畑のことは、それが得意な保母さんに聞きに行ってます。

新緑の結婚式

今年のこのシーズンで一番の保育は、結婚式でした。6月2日に、うちの保母さんの芳野真理さんが「いなほ」で結婚式を挙げたんです。

結婚式もここでは大事な子どもの保育です。

結婚式では分け隔《へだ》てなく、あなたたちが主人公のお客様ってしてあげるわけです。もしお家だったら、親族がやるときには、家族は全部その日はお祝いですよね。みんなお祝いのために、ちょっと着飾らせてもらえて、列席させてもらえるでしょ。そしてあちら側の家、こちら側の家ってあるわけですよね。その日には、お姉さんが見たこともない人、お嫁さんになっちゃうわけよね。

私は日本のこういうものがすべてなくなるんじゃないかと心配するのと、今の人の結婚はちょっと安直過ぎる気がするんですね。結婚はもっと重みがあることだし、ある意味では、違う家からお互いに出て、一緒になるっていう生命の原点だと思うんですね。

古来からのものだし、厳《おごそ》かなものなんですよ、本来。

だけど今は形だけの結婚式にみんないっちゃった。引き出物は何にして、ケーキはこうやってみたいなね。そうじゃない、本来的なところをちゃんと子どもに手渡したいと思っていました。

ありがたいことに真理さんが「子どもと一緒の結婚式がしたい、私が一番したいのは、それしかない」って言ってくれたんですよ。

真理さんにとったら、子どもたちはみんな大事な親族ですよ。主人公の親族なんです。後見人です。だからみんな参加して、ここで式を挙げ、披露宴をしたんです。

けやき組の子たちは、太い竹を吹いて厳かに演奏しました。竹を切って、吹き方でいろいろな音が鳴るんですよ。細長いのではピーピーやるけど、太いのだとグォーッというすばらしい音が出るんです。これは素敵だと思って、結婚式の始まりの音楽はこれがいいと思ってやってもらったんです。

アボリジニが吹くディデルズーっていう楽器があるんだけど、あれと似たような音です。子どもたちは自分たちで竹を吹く場所を決めるんですね。ここだったら皆さんにも見えるからちょうどいい、と。結構、見せようっていう気持ちがあるんですね。演出してるんですね、自分たちで。

感動的だったのは、グォー、グォー、グォーと7人が即興のハーモニーで吹いたわけね。そうしたら〝牧場〟で飼っているロバが鳴くんですよ、一緒に。ハキュー、ハキューっていってね。そしたらもう〝牧場〟のヤギやら他の動物もいっせいに鳴いて。自然界って何かそういうかぎわけるものがあるんですね。いっせいに生き物の雄たけびが始まって。

次に女性2人の詩吟《しぎん》と祝い歌が始まったんです。生で祝い歌が始まって、緑が一番いいときですから、園庭のその緑の木々の下をお嫁さんとお婿さんがやってきたんです。

ぶっつけ本番だからお婿さんは何も知らないの。いったいどこを歩いて、どうやっていくのやらっていう感じ。でも、堂々と歩いてましたけど。真理さんはふだんの自分の仕事場ですから、1000坪の園庭の地形がわかっている。だから自分が気持ちのいいように白無垢姿で静々と自然に歩いていく。その途中から今度は長持ち歌に変わっていくわけですね。それも古式豊かな、家紋のついた黒塗りのちょうちんで式場へ案内をしてね。その日だけは「いなほ」のホールに、真っ赤なじゅうたんを敷きましたから、様子が一変しちゃうんですよ。もう素敵な式場でした。

新郎新婦の座席の後ろには、竹を組んだ屏風みたいなものも作ってね。そういったものも全部それぞれ自主的に希望して会場を創作した作者がいるわけです。

お嫁さんは白無垢にべっ甲のかんざし。ご親族はホール、子どもたちは縁側の一等席ですよ。いいお洋服着て。

古式豊かなやり方だったし、お料理も職員と父母の全部手作りです。徹夜で全員のおもてなしのすべてを手作りでしました。この日ばかりは会席料理です。本当にもう素敵なお料理だった。味もよし、見た目もよし。アジサイのお菓子も出てきたしね。

こんなふうなのは、なかなか今はもう見られないんでしょうね。お客さんは子どもも入れて全部で400人。美容師さんが感激しちゃったんですね。今どきこういうのをするところは、もうないって。「これはもうただごとじゃないから、最後までずっといさせてください」って言ってね。最上等のべっ甲かんざしを花嫁さんに挿《さ》してくれた。

花嫁の真理さんは子どもたちに、その本物のべっ甲を見せてあげたいっていうんで、花嫁花婿の席から降りてきて園庭の縁側のあたりを一回りしたんです。文金高島田に赤い打ち掛けというふうにお色直しをしたときも、また別のかんざしを見せてあげて。

ウェディングドレスになると、子どもたちは何も言ってないのに全員花嫁さんを見たくて、自分の場所を決めるんですね。打ち合わせなんてなくたってね、バージンロードが自然にできる。子どもたちは全部自分たちで演出したんです。

だから大人のほうも嬉々《きき》としちゃうんですよ。

ほんとに子どもたちが喜んでいるのはわかるし、誰もああだの、こうだの言う人はいないんですよ。やりたいようにしてればいいだけね。それで滞りなくすべては進んでいくんです。

余興としてアリラン系の踊りを踊る子どもたちは楽屋にいて、出番になったら出てくるはずだったんだけど、もうこれは見なくちゃと思ったら、出番じゃないのに、みんなお嫁さんのところにぞろぞろやってきて、お話ししたりね。そこらから摘んできた野の花をあげたりしてるんですよ。ごく自然にそういう行列ができて。

これが6月の最大の保育でした。最大の行事、最大の保育って位置づけてました。

子どもたちも喜びましたでしょ。

そうそう、真理さんがゼロ歳から年長まで担任した卒園生の子どもたちが駆けつけてくれました。真理さんはゼロ歳から見た卒園生を2回出しているんですけど、今は小2と中2になるその子どもたちが駆けつけてくれて、嬉しかったですね。

8

危険がいっぱいの夏

（7月）

いなほ保育園に学期の途中の5月から入園した3歳児の女の子。

この子は、集団での生活体験は初めてです。両親が「いなほ」の卒園式を見学し、園も何回か見学し、その上で「いなほ」に子どもをいれるためにわざわざ近くに引っ越しをしてきた家族です。その子が、園につれられてくると、親と別れるとき泣いてしまうという話を、たまたま親御さんから耳にして、「泣く」という行為について、どう捉えればいいか、北原先生に質問してみました。

北原先生の答えは明快でした。

「泣くのは、当たり前です。親と離れる初めての体験なのですよ。親を親と認識するところまで、きちんと育っていることの現れです。朝、親と別れたあとの園での様子を見ていると、お友達を含め、まだ環境にはなれていないけれど、いろんなことに刺激されて楽しそうにしているのが、よくわかりますよ」と。

そういえば、親御さんも「園には行きたいというのに、保育園に置いていくときに泣くんですよね」と話していました。別の先生からも「前から『いなほ』にいる子どもたちも、やっとこの新入園の子が、どういう子どもかわかったみたいで、子どもたちなりに接し方を考えているみたいですよ。ほっぺたをくっつけたりして、優しくしてて、それが私たちから見ても、とってもかわいらしくって」という話をうかがいました。

どうやら、この女の子にとって、今は、園や友達という環境に知り合う過渡期のようです。友達や先生にとっても、それは同じことなのでしょう。

子どもが「泣く」——それだけをとりだすことが、どんなに無意味か。その背景を考え、子どもの発達度合を考えれば、一見否定的に見られるその行為も、いろいろな意味を含んでいることがわかります。

保育とは、そうした子どもの全生活を把握して日々を子どもと過ごすことだと改めて思う7月でした。

真剣さが子どもに伝わる

6月に韓国の人たちが保育園の視察に来たんです。韓国には幼稚園しかなくて、日本の保育園と同じものはないんですが、いなほ保育園が日本での視察や見学のコースに入っているというお話でした。それでここにみえて、びっくりされて「日本のいくつかの所を見たけど、ここが一番感銘を受けました」と言ってました。

何かすごい好評を得たようです。それで、6月15日にソウルで私は踊りを披露することになっていたので、今度は私が向こうに行って。

韓国での踊りはものすごく楽しかったですね。本来はちゃんとした先生たちの踊りの公演なんですよ。そこに「日本人でありながら韓国の伝統舞踊をやる北原という人がいる。客演で出演してもらいましょう」というふうになったわけですね。

私はやるとなんでも夢中になるでしょう。

外国人だけが受ける韓国の伝統舞踊の試験があるんですが、その試験も初めて受けました。日本の鼓や日本舞踊や歌舞伎のようなものに、外国の人が挑戦するというのと同じことですね。そういう部門がおととし初めてできたんですね。それで、私の踊りの先生が「出てみたら」っておっしゃったんです。私はそのときに、「これでもし私が恥をかくことをしたら日本の恥だ」って思ってね。一生懸命やらなければ、相手に失礼になりますから。

伝統的な宮中に伝わる踊りですから、少しでも我流を出しちゃだめなんです。拍子は5拍子なんです。2拍子とか3拍子、4拍子、せめて8拍子とか9拍子とかなら入りやすいですけど、5拍子が速くなったり遅くなったりとかするので、難しいんです。でも、その聞き慣れない拍子が面白くてね、やっぱり日本人にもそうした大陸の血が流れているんでしょうね。西洋音楽にはない拍子に、とても妙味があるんです。

向こうの方から見れば、外国の人がそういう伝統のものを踊るというのは、不思議みたいですね。でも喜んでもくださるんです。自分たちの国のものをこれだけ愛してくれているんだというので。極端に言っちゃえば、うまい、下手なんかそっちのけで、本当に一生懸命やってるから、そのことに好感をもってくださるんだと思うんです。

この忙しさの中で、私には練習する時間なんてありませんよ。なくてもやるんです。命がけでその舞台に立つでしょう。日本の能楽堂みたいなところでやるわけですね。そうそうたる伝統舞踊の名士がみんな見ている。国宝と言われる先生方ばっかりなんですよ。

怖いけど逃げるわけにいかないでしょ。

こういうところで、つらいことでも耐えていくという力がつきますね。耐える力は習慣になるんですね。人間というのは妥協しちゃえば楽ですよ。

保育の現場でも、外の方々は、みんな私たちが何か失敗するんじゃないかと鵜《う》の目鷹《たか》の目で見ているから大変なんですよ。本当に1年1年、春夏秋冬、どれだけの仕事をしているかというのを全部見られている。なにかあれば、たたかれます。そういうときに「うちの保育園はこれでいいじゃない」と逃げてしまえば、それでも済むんですよ。

そうじゃなくて、何があってもそういうふうにしないで、立ち向かうし、下がらないで、どれだけ逃げることのできない場所に自分を置くかなんです。

保育の大会とか、教育の大会とかにも参加しますし、参加したら、自分がうぬぼれて道を間違えていないかと検証する意味でも、全部保育の中身をさらけ出してくるんですね。

どうしても年数がたつと、自分の年齢に妥協したくなるんですよ。もうそんなに無理しなくていいのよとか、体が無理なんだからとか言い聞かせちゃう気持ちが出るんですね。だけど、それに対して、そういう限界なんてないんだと思わないと。

そういう点で私は韓国の踊りの師匠に感謝しているんです。

師匠に「いくつの人だってやっているの。和子さんはまだ若いでしょう」と言われると、わかりましたとやっているうちに、自分で自分の体力も気力も克服していくんですね。

不思議に子どもはそういう私のことを感じるんです。

だから、保育者として何かじゃないんです。人間として、この人がどう生きているのか、真剣に生きているか、生きていないかなんですね。

そういうことに子どもが一番厳しいです。

また、そういうことに敏感な子に育てていないとだめなんですね。大人と妥協してやっていっちゃうようにしちゃったら、かわいそうなのね。本来、子どもはこれから生きていくたくましい生命力をものすごく持っているわけだから。

風雪に耐えて大きくなっている木とか、動物だって、いろいろなことがあってもそれに耐えて生き抜いているんだと。子どもというのは、そういう感覚で何でもつかんでいくんですよ。図鑑を見て何とかじゃないんです。嗅覚《きゅうかく》的にこのものがいかにいろいろなものをくぐり抜けているか、つかんでいく。私は、本来は、ものはみんなそういうものだと思うんですよ。

人間も自然の中にあって、それぞれがみんないろいろにして生きていて、その中でそういうものを感じるから、相手を全部つぶしてしまったり殺しちゃわないし、相手にも一分、二分の理があると思って生存していくんだと思うんです。共存ですよね。そういう共存感覚がなくなっちゃうと大変でしょうけど、どこかに人間は本来そういう感覚が残ってるんです。農業国である日本が農業をやらなくなって工業だけに行っちゃえば、そういうのはやっぱり、見えなくなってきますね。

何かに向かって一生懸命やっているんだというのが、子どもは本当に好きですね。だから、格好よくお世辞なんか言ったって、うちの子どもたちにはだめ。むしろそんなこと言われたら見抜いてしまって反対にだらけちゃう。真剣が一番です。

そういう姿勢を維持するということでも、私にとって踊りに挑戦するというのは大事なことなんです。

七夕まつり

ちょっと話が飛んじゃいましたけど、いなほ保育園の話に戻りますね。

6月から7月はじめは、園児も自然もいよいよたくましい真夏に入っていくわけです。木から落っこった、挟まった、パチンコの球が胸にぶつかったとか、何か起きるたびに言いに来るんですね。やっぱりこの時期というのは、そういうことが起きるんです。6月、7月はたくましく伸びていくときだから、そういう騒動が多くなりますね。秋の実りになるまでは、おれは伸びたいんだって、みんなが育っていきますから、すさまじいです。

そこら辺の木を見ればわかるけど、若芽が今年に入ってからだけでも1メートルも伸びて木がしなってくるんです。木がかたくならないこの様子と、子どもたちの動きはまるっきり同じですね。人間も自然の一部なんですね。木が伸びてしなってくりゃ、しなった木にぶら下がってみたりしたくなるんです。

そうすると、ある子は折れるからもうやめたほうがいい、っていう感覚を覚えてそう言うでしょう。それから、一度落ちたら、乗るときに、このぐらいの木では注意しようとか思うようになるわけですよ。だから、いろいろなことがこの時期に、そのものとつき合いながら自分でわかってくんですよね。

そういう試みをし、結果を覚えていく時期でもあるんです。

7月は七夕ですから短冊《たんざく》を書きました。

いつもそうなんですけど、生きるということ、命ということに対する言葉や願いをみんな書くようになるんですね。

「けがをしないで」「大変な目に遭《あ》わないで」「長生きできるように」とか書くんですよ。

自分たちが毎日、死とすれすれぐらい危険な遊びをしていなくちゃ、こういうことは書けないんですよ。

「長生きできますように」と書いていたから、「ついでに絵も描いてみたら」って言ってみた。そしたら「どうしようかな、何を描こうかな」と言っているうちに、「あっ！　わかった」と。「和子さんは、きっとあれを描くと思うな」とその子としゃべっていたら、案の定その子が描いたのは、木から落っこちそうで落っこちない自分の絵でした。

ここはまわりに高い木がいっぱいあるでしょう。

この間も、遊びに連れていったら、保母さんが私に「和子さんどうする？　あんな所にいるよ」と言うから、「えっ？」と言ったら、もう高い所に鳥の巣を見に行っていたの。それで、「この鳥の巣は使っていないや。これは失敗作だ。だからとってきても大丈夫だな」と持っておりてきて、何でそれが失敗作かというのもちゃんとわかっている。「詰め込み方が足りなくて緻密《ちみつ》さが足りない」とかいろいろ言うのね。そういうことを身につけていくんですね。

そんな高いところから、落っこちたら即死ですよ。

今、梅が終わってプラムの時期なの。先月お話しした梅干しは、もう漬けてしまいました。まだ干す時期にはなってないです。甕《かめ》に漬けてあるだけ。

プラムの木はそこら中にあります。見ればわかりますけど、枝の下のほうにはもう実はないんです。みんな採っちゃったから、もう、手が届かないところにしか、ついてない。それを採りに行って、木から落ちるんですよよ。

年長の5歳の子でも木から落っこちた子がいるのね。プラムを採ってて「落ちた!」と言うの。私も冷静さを装って、「どっから落ちた?」と言ったら、本人は「頭からだ」と言うの。「頭から落ちたんじゃ命がないかもしれないから、すぐに医者に行くからね。とにかくここに寝て」と、話をしながら観察してたんです。本人は「頭から」と言ったけど、肩のところに泥がついていたから、肩のほうが頭より先だったんじゃないかなという推測はあったんですけど、本人は「頭から落ちた」と言うの。そんな高さで頭から落ちた子は、これまでは「いなほ」にはいないんですよ。

でも、その子は心の制御というか、いざというときの構えができ切らない心の弱さがある子だから、これは危ないかもしれないなと思ったんです。そういう子は、やっぱり土壇場で自分を守りきれないものがあるんですよ。

リズムの時間に側転をやるときは、足をピッと開いてきれいにと、頭ではわかっているけど、見ているとリズムに乗りきらないというか、ちょっと流動的じゃないんですよ。いわゆる優等生。優等生っていうのは、アクシデントに弱いのね。心がしっかり立ちきれない。そういうの苦手なの。

そのお子さんは3歳か4歳で、他の保育園から来たの。

「いなほ」と同じ形式の保育園です。だけど内容が違うんですよ。だからこれからが大変だと私はふんでいます。まだそういう弱さを残しているものがいっぱいあるから、大事をとらなくちゃいけないし、この子にとって「木から落ちた」というのは、起こるべくして起きていると言ってもいいなと思って。

それでもじっと見ていたら、ちゃんと活動しはじめたし、これなら大丈夫だと判断しました。そしたら、今度はまた別の5歳児が木から落ちたっていうんで、「今度は何?」と言ったら、どうも手が動かないと。かなり下がよくないところに落ちちゃったようでした。

「だめそうだね。すぐ医者に行ったほうがいいね」って。

だけど、おやつが出てきたら、おやつを握ったんです。それでこの子は月齢のいつから「いなほ」に入ったか、どのくらい保育を踏まえているかを考えながら、手の動きやらを見て「医者に行かなくてもいい。もう少し様子を見てからにしよう」と思いました。

結局その子は医者に行く必要はなかった。耐えられたんですね。

日々闘い学ぶ子どもたち

この間「おれ、今日ちょっと足が痛いから、リズムやらないでいい?」って、足をじっと眺めてた子がいたんです。「ちょっと休む。ハチの針が入っているみたい」と。ですから「それは早くとったほうがいいね」と言っていたら、自分で何をしたのか「とれた！」なんて言ってね。

この時期というのはハチも活発になってくるわけです。そうすれば、もう共存するしかないですよ。

ハチの巣が2個、けやき組のスペースのお堂のほうにあるんです。「これは何も入っていないから平気なの」と子どもたちは言っていたんですけど、ハチはぶんぶんこの時期、強くなってくる。それで、大きなハチも人間のスペースのほうに来るわけですよ。そうしたら、「キャー」だとか「ハー」だとか言うから、「いじらないで触らないで、そっとしておいて眺めていれば、部屋から出ていくから」と言ってますけどね。

初夏から夏はそういう時期ですよ。

針が入りゃ自分でとって、そして、またやれそうだと思ったら続けてやっていく。秋の実りの自分の体をつくるまでは、周りのいろいろなものといっぱい出会っているんです。闘っているんです。いろいろ向き合っちゃ、それぞれの年齢でこれはまずいと思うものにぶつかったら、体験で覚えていくんですね。

ハチには刺されるし、腹痛にだってなる。動物性の細菌は、キャンピロバクターというんです。赤い便が出るのね。その細菌は人間がみんな持っているんだけど、抗体力が弱いと増えちゃうんですよ。それで、「この子はこれから免疫がつくんだね」とか、「これは病院に行ってもらいましょう」とか、その子の様子を見ながら判断しなくちゃいけないんです。日頃もいろいろな菌と暮らしてるんですよ、人間は。今そういう菌が一番ウヨウヨしている季節なんですよ。この湿気のときが。

それに勝てるかどうかですよ。

勝てる心と体を作っていなきゃ大変ですよ。

はしかだ、百日ぜきだって、今まで平気だったものが、ニョキニョキと強くなって、この時期出てくるんです。ここをどう越えていくのかというので、毎日闘いですよ。

勝つためには、ゼロ歳から育てなきゃいけないし、そのゼロ歳だって、年々大変なゼロ歳で生まれてくるから、にこにこ笑ってはいるけど、和子さんは大変です。

遊びの境目

子どもたちの暴れようを見ていたら、私は、いつ「いなほ」をやめなきゃならないかって、はらはらして、その日がいつかかって毎日思ってますよ。

子どもの遊びが命と引きかえになっちゃったときが、終わりのときと思っている。それでいて、子どもたちはみんな危ない所じゃなくちゃ遊ばないんですよ。全員が普通の平坦な所では遊ばないの。これじゃ死ぬ以外にないじゃないという所が大好きなの、みんな。

昔の子どもたちもそうだったですね。できるかできないかの所で遊んでて、できるのが嬉しくてやるんですから。お茶の子さいさいの所なんか、絶対行かないんですよ。面白くないんですから、そんな所は。

落ちたら危ないという場所をわかっているんですよ。

だけど、そういうことは子どものうちしかできないんです。だから、これは生き物の習性なのかなと思っています。そういう所に行かない子じゃだめなの。

年長さんで「いなほ」に入ってきた子がいるんです。その子が裸足で走るのが好きになっちゃったんです。それで私がそのお母さんに「裸足が好きになって、嬉しくて嬉しくて、遊んでる。お母さん、よかったわね」と話したその次の日、石にぶつかって足を切っちゃってね。「よく消毒しておいてあげたからね」と言ったんだけど、2、3日したら化膿してきちゃったの。まだ抵抗力が弱いんですよ。ほかの保育年数の長い子だったらあり得ないの。

それはそうですよ。だって、その子はきちんと食べていない。空揚げとご飯だけで生きているような状態だから。ここに来たからといって、いきなり他の子と同じように全部が食べられたり、できたりするようにはならない。

家庭でそういう状態だし、まだ環境もできてない。

でも、それだって、裸足になってみなきゃわからなかったことですから。こうやって強くなっていけるんですよ。何もない温室培養みたいな状態だけでいっちゃったら、いざというときに、抗生物質を使ったって何を使ったって効かないようになっちゃう。

今、その子は「和子さん、和子さん」と私を呼んで喜んでいるけれども、まだまだの状態。この子を育て上げていくのがこの夏ですよ。卒園するまでに仕上がらなくちゃならないわけですからね。だから、もう毎日、目まぐるしく、目を離せない時期なんです。

私の言い方が極端だから、木から落ちてもいい、ハチに刺されてもいい、裸足でもいいって簡単に言ってるように聞こえたらそれは違います。ゼロ歳から真剣に保育して、心も体も大丈夫といえる子になってるから言えることなんですよ。

夏は子どもが危険を冒しながら一番成長するときなんです。その分だけ危険もいっぱい。こっちもはらはらしながら、成長を楽しめるときなんです。

9

夏の子どもたち

（8月）

プールを軸にした水遊び、山登り、星座観察、魚釣り、キャンプファイヤーを囲んでの子どもたちだけの語らい——どれも私たち大人の脳裏に、小さいときの夏休みの思い出として浮かんでくる情景の気がします。

いなほ保育園では、自分の子ども時代を思い出させる情景に、よくぶつかります。

祖母の家に姉妹だけで泊まりに行き、海につれて行ってもらい遊び暮らした夏のこと。砂浜で食べたスイカ、素足では歩けないほど熱かった砂、そのあとのタオルケット1枚かけての祖母の家での昼寝のことなどが、パーッと思い出されたりします。

訪れた日、園児たちが、手足を投げ出して気持ちよさそうにお昼寝をしている姿を見たせいでしょうか。お茶うけにと出していただいたのが、スイカだったからでしょうか。今月は園全体から「夏」を感じて、そんなことを思い出しました。

北原先生のお話を何回かうかがっているうちに「先生は自分の幸福だった子ども時代を、現代の子どもたちにもできるだけ同じように体験させせようとしている。年齢の違う子どもたち同士、親の目の届かないところで味わった、あの幸せな瞬間を体験させていこうとしている。それが、人間の土台を作ると信じているから」と思い至りました。

あらゆる規制がかかった社会で暮らす子どもたちに、せめて「いなほ」にいる期間は、危険もあるけどいい意味での冒険をさせようと考えておられるようにも思いました。

人間の歴史や文化を伝えるとは、子どもたちの感覚の中に何かが伝わることを信じた、こうした日々の試みのことをいうのかもしれません。

父兄で作ってきたプール

今日(2007年8月20日)は暑いですねえ。

赤ちゃん組の部屋は涼しいんですけど、それでも35、36度でしょう。通風がよくて、木陰だからいられるんですけどね。

子どもたちみんな寝てましたでしょ。4時すぎはお昼寝の時間。もう園中どこも暑いから何回も何回もプールに飛び込むし、好きなだけ泳いでるからね。あれだけ遊んだら眠れますよ。ぐっすりです。

これで起きたらまたみんなプールに入ります。

とにかく暑くていられないから、庭も廊下(テラス)も何もかも全部水ぶっかけで。外からも中からもみんな水かけちゃえっていうんで。そしたら涼しくなるから。その後ぞうきんがけをしてね。それを1日に3回ぐらいやってます。廊下(テラス)も濡れてたでしょ。こうでもしないと暑くてね。

「いなほ」のある埼玉県・桶川市川田谷は、先日、日本一の暑さの記録を出した熊谷の近くでしょ。同じように暑さの吹きだまりになるんだと思うんですね。東京のほうから熱い風が来て、ちょうどここにたまってしまう。

先生たちもへばってます。今日は夏休み(8月13〜19日)明けだからね。

園庭にある今のプールは組み立て式で、浅いのと深いのと2つありますが、「いなほ」が始まった25年前からプール作って遊ばせてたんですよ。お金がないから手作りのプールです。それだって、浅く水をためて遊ばせるとかいうもんじゃないんですよ。やるからには本物ですよ。

いなほ保育園を始めたのが1981年。前に話したようにそれまで公立の保育園にいた私たちが100坪の土地を借りて、自分たちで保育園を始めたんです。そこがこの近くの菖蒲町。土地だけを貸してくださった方がいらしたんです。建物はなしです。皆さんは不便なとこだとおっしゃったけど、見渡す限りの稲畑、遠くに秩父連山が見える広い所で、日の出から、入りまでゆったり見られたんです。太陽の動きがずっと見られるなんて素晴らしいところだろうと思ってたんです。

そのとき、子どもは23人で始まったんです。

建物を建てなきゃいけませんから、公立保育園を辞めた退職金をみんなで出して、プレハブを建てたんです。建物って、土台さえなければ、違法建築も何もないんですよね。だからプレハブにしようと。テントでもよかったんですよ。青空でもいい。雨が降ってきたら傘をさしておけばいいって、そういう思いでしたね。

プレハブを建てたら100坪の土地なんていくらも残りがないです。残ってる僅《わず》かな庭があったんですけど、借りている土地だから木が植えられない。だから木陰がないんです。ですから毎日、近くの神社で遊んでたんですけど、神社が意地悪を言ってくるわけね。子どもたちがうるさいとか、社殿には上がっちゃいけないとか。

私は子どもに、あれいけない、これいけないって言うのが嫌だから、神社のもう少し南のほうの畑を借りましてね、そこに葦簀張《よしずば》りで、屋根をつけた仮の遊び場を作ったんです。遊ぶ水はじゃんじゃん必要だから、そこに井戸を掘ったんですよ。畑は50坪くらいだったかな。水遊びを自由にさせたかったんです。水を出しっぱなしにして遊ばせるなんて、公立では絶対だめ、無理ですね。

市営プールなんかにもつれていきましたけれど、それではまかないきれないから、借地でできるプールってないかなって考えたんですよ。

それで一回穴を掘って、そこをプールにして、季節が終わったらそれを埋め返しておいて、また夏が来たら掘ってプールにしたらいいんじゃないかって考えたんです。

庭があってもどうせ暑くて遊べないんですから。それだったら庭を全部プールにしちゃえばいいんだって。始めてすぐに子どもが増えたから、プールは相当大きくなくちゃならないんです。とても手掘りではまかなえないです。だからユンボで掘ったんですね。土を戻すのもユンボで戻してね。

私たちが、一番大切にしてるのは、子どもに不自由をさせないこと、遊びを保障してあげること。だから工夫すれば、できないものはないって思ってやってきたんです。そう思わないと、作りだす発想って出てこないんですよ。

「いなほ」がなぜ存続できているかっていったら、それを貫き通してるだけ、たったそれだけだと思うんです。

庭の面積を全部プールにしたいので、掘って欲しい、それも埋め戻しができるものを作ってくださいって、私が父母会に提案を出したんですよ。親がそんなことは「無理だ、だめだ」って言ったってだめなんです。子どもに今それが一番必要なんですから。

「子どもに一番いいっていうことをやることが『いなほ』ですから、お願いします」って一生懸命言うとね、親はお金は出せないけど人力は出せるぞ、ってやってくれるわけです。

地主さんは驚きますよ。だけどね、後でまた元通りにするわけですから、禁止はされなかったですね。そうやって、5、6年間、菖蒲町では、夏が来ると掘って、また戻してを繰り返して、プールを作っていたんです。

菖蒲町にあったころは、だいたい6月の末に掘るんですね。戻すのは9月末か10月です。それまで皆プールに入っているんですよ。9月末にプールに入って遊んでたら、普通の子は病気になるかもしれませんね。育っていないと、そういうことはだめですよね。

「いなほ」でもその年の子どもの育ち方を見ながらですから、プール遊びが始まるのも終わるのも、年によってずれるわけですよ。今年の子どもは強いなとか。天候はこうだなと思って、揺れ動きます。いつ始めていつ終えるなんていうマニュアルは「いなほ」にはないんです。

プールでも何においても、そこの判断力で子どもが良くも悪くもなると思うんですね。

基本的には私がだいたい決めるんです。

プールの作りも毎年同じじゃないんですよ。作ったものがその年の子どもたちに危険があったりふさわしくなかったら、すぐ作り直してもらうんです。

だからここ(桶川市川田谷)でも、それをやっているわけです。こちらは穴を掘るんじゃなくて、組み立て式にしたんです。木材で組み立ててビニールシートを貼った縦6メートル、横4メートルで、深さが60センチぐらいのものと、小さい子用の2つが並んでるんです。

120人入って大丈夫なものを作ってもらいます。

物理と科学と、土木の知恵がいります。容積と、容積に対しての強度ね。水の圧力とそれを支える力の関係は、どのくらいのもので、どのように構造を支える杭を打ち付けるか――これは私の出番じゃないんです。

私が注文するのは、これこれの大きさのプールが欲しい、ついては危険のないものを作ってほしい、作り方は、たとえばこのようにしたらどうですか、っていうところくらいまで。

あとは北原さんとか、子どもたちの父母がやるんです。業者は一人も入らないです。頼んだらお金がかかっちゃうから。だからといって、プールの形をしていればいい、水が入っているだけの浅いものを作ったんじゃどうしようもない。それはだめです。

うちのプールは他の子が不用心につかったら溺れて死んじゃいますよ。だけど「いなほ」の子は、ここまで育っていますから、ただチャポチャポやってるのでは、意味がないんです。

プール作りのときは私は、我を張って言いたいことを言います。作る方々に嫌われても、嫌われても言うんです。プール作りでは、私と北原さんが喧嘩している姿を皆はよく見かけてます。

しっかり子どもが見抜けないと、ずれてしまいます。北原さんの技は上手いんです。けれども技の本質は、目的をまっとうするためにそれを使うことでしょう。例えば五重の塔を作るんだったら、五重の意味がある塔でなければ作ってもしょうがないわけでしょう？　正倉院だって意味があって、ああいう設計になったわけじゃないですか。だから、目的にかなっていなかったら私が文句を言うのは当たり前です。

私が「こういうのを作ってくださいね」って言っても、意図が完全には理解できない。だから違っちゃうんですよ。私が「こういうのを作ってくださいね、って言ったじゃない」って言うと、「意味がわからないから、格好良くなるようにって、夢を膨らませて作った」（笑）と言う。だけれど、それはこっちにとったらとんでもないことになっちゃうわけですよ。

そのときによって子どもは違いますから。プールの強度もそうだけれど、園の中から、庭にあるプールの所に行くまでの道筋とかも大事なんです。その年の年長さんはすごく育っているから、年長に下の子がついていけば、こういう順路でいいなっていうのは、私にはイメージできるわけですよ。ところが人間の頭っていうのは、とことんまで突き詰めた、これがベストだっていうものがわかってしまうと、いつもそのベストでいっちゃうんですよ。これは万人に大丈夫って。

だけど私は違うんです。

今年の子たちは、いろいろ見ると違う。この道筋じゃ、安全ではあってもドラマが生まれない。ドラマが生まれないのは嫌なんです。

こんなふうですから、プール作りは毎年大変ですよ。今年はプールは7月21日ごろできあがったんです。今年の7月は涼しかったから遅かったです。父兄がみんな手伝いに来て。もう何回もやってるからベテランの方たちがいるし。

父親がそういうのに来てくれたってなると、子どもは、「おれっちの父ちゃんがすごいものを作ったんだ」って、思うみたいですね。来ないうちの子どもが、「うちのお父ちゃん来た?」って聞いてくるから、つい担任の先生が、「う、うん」って、あいまいな返事をしたら、それを聞いて子どもがうれしそうに「うちの父ちゃんにも『ありがとう!』って言っといてよ」と言われるのです(笑)。

プール掃除も皆さんでやってます。毎日のことだから。水をずーっと細く循環してると虫がわかないんですよ。たくさんの苦労の上に、やっとそういうことがわかってきたんです。最初わからないうちは、朝は水面に浮いた虫とりに忙しかったんです。

学校のプールは浄水器をつけてるでしょ。だけどうちは、お金がないし、「いなほ」の子は雑菌に強いから。普通だと病気になりますからね、大腸菌だとかでね。だからその辺は、お間違えのないようにしていただかないと。

掃除やなんかも、別に誰が当番って決まってるわけじゃなくて、親御さんで、今いる人でやるっていう感じですね。今日はお母さんが3人。女の人のほうが多いですね。こんな時間じゃお父さんたちはまだ仕事から帰れないから。

青木村へ

この夏はね、7月にけやき組(学齢期の子どもたち)が長野県の青木村に行って、それから5歳児のいがぐり組や学童保育に来ている卒園生が2000メートルの山に行ったんです。

7月10日から青木村にけやき組を連れて行きました。けやき組全員で行ったんです、20人で。今年入った1年生の2人も。8泊9日です。

まずは青木村の隣の上田市にある蚕糸《さんし》会館へ行きました。以前お話ししたように、けやき組は自分たちで蚕《かいこ》を育てて繭《まゆ》を作らせて、卵の産卵へと飼育を続けてるんです。お蚕には子どもたちが興味があるから、そこへ行きました。会館は蚕糸学校の跡なんです。私も勉強しましたよ。子どもたちはずっと観察しながら参考書をしっかり読んでるでしょ。子どもにおくれをとっちゃいけないから図書館で、勉強です。蚕糸会館は、総合的なセンターで、地元の産業の過去はこうでしたみたいになっていました。蚕から生糸のできるまでの展示や機《はた》を織るところまで。そこから運ばれて呉服屋さんに出ていくまでの過程が見られるんです。

そこで子どもたちが言うんです。同じ繭でも肌ざわりの違うものが出てくるって。子どもたちはそれを実際に見て触ってわかったみたいでしたね。大体のことは自分たちで図書館へ行って調べちゃったけど、一番いい生糸の肌ざわりと、雑なぶつぶつ玉がつながっている生糸を、初めて比べてみたんです。これが紬《つむぎ》だと私たちは理屈でわかるわけですよ。だけど子どもたちは理屈より先に、こっちのほうがいいねって。上等の生糸と、それから紬にするようなものとの違いを、触ることで感じたことがうれしいわけですね。こういうことは、触ってみないとわからないのね。

子どもたちだけで火を囲む

青木村での生活の最大の目的は、渓流《けいりゅう》釣りに行くことでした。ヤマメとニジマスが3尾しか釣れなかったんですが、釣れましたよ。そしたらパッとその場でナイフを出してね、サーッとさいて。宿舎に帰ってから自分たちで焚き火を起こして、じっくりじわじわ焼いて。

3匹だと足りないけど、ちゃんとね、全員が食べられるように、女に1匹、男に1匹、そして親分格のカズヤたちはちょいと多目にね。私たちにも分けてくれました。

ほんとに小さな焚き火だけど、じっくりじっくり、長々と焼いていて、ご飯もそれが焼けてから食べるんです。だから2時間ぐらい食べないんですよ。もう真っ暗。いつもはお互いいじめたり、からかったりしてるのに、そういうときは一つの火を囲んで、みんな集まるのがいいんですね。

私たちはもう干渉しないから、全部自分たちだけでそうしてる。

食べ終わると、2時間ぐらい、子どもたちだけで火を囲んで語り聞かせをやってるんですよ。親分格の子がみんなに語らせるわけ。そして聞いていて「うん、あんまり面白くないな」「それいいな」とか言いながら、次にふられた子がまた話し、最後に親分が締めをしてね。

最終日はまた魚を焼くのと、トウモロコシを焼くのと、おにぎりを焼くというのが入っちゃったから、なかなか終わらないわけですよ。ですからついに最終日だけは、さすがの親分も全員の分を焼くには時間がかかり過ぎるもんで、のれん分けで(笑)、下級生に、「おまえたちそっちで火を起こしてやれ」って言ってました。

下級生は形だけはそのとおりやるんですけど、火がうまく起きないんですよ。そうすると「それじゃだめだろう」って、親分のカズヤが自分で、竹筒みたいなものでヒューッとやって、「風を入れなくちゃだめなんだ」とか言ってね。

私がついうっかり、「ここにおみそ汁やいろんなものがあるから、これ食べて、それで終わりにしたら」って言ったら、「そんなの意味ないじゃん」って。「なんぼ時間がかかろうと、焼けなかろうと、みんなで集いながら、こうやってんのが楽しいんじゃん」って、ブーイングを言われちゃって。憩《いこ》いのひとときを壊されたみたいな反応でしたよ。

一緒に行った職員は、私ともう1人、常時2人の大人はいるようにして。「いなほ」は「いなほ」で保育をやらなきゃならないですからね。職員は1日交代です。運転のできる人が要《い》るんです。魚を釣るために渓流の奥まで行かなきゃならない。それはとても歩いていけないですから。それでローテーションを組んで交代しながら手伝ってもらって。

宿泊は公民館のような施設です。それができたばっかりだったんですよ。とてもいいんだけど、初めて私たちが使うみたいで。で「壁に触っちゃだめだよ、跡ついちゃうから」って言ったら、子どもたちにここでも「意味ないじゃん」って言われました。そういうこと嫌いな子たちでしょう。拘束されないで過ごすことが好きだからね。

先方は好意でやってくれたんでしょうけど、こんな真っ白じゃなければいいのにと思いました。ホールは、まことに広くて、実に快適でした。男の子は畳の部屋を選びました。いつもカズヤとシュンが5年生で威張ってて、4年生のフウキちゃんはまだその仲間じゃなかったんだけど、そのときから「おい、フウキこっち来い」って昇格になって。そういうことは全部、子どもが決めていくんですよね。

私からすれば、「もうフウキ君をまぜてあげたら」って思うようなこともあるんだけど、ちゃんと時が来れば昇格で、まぜてもらえたんです。

この施設は安いんですが、お風呂もシャワーもついてないの。代わりに村の人たちが入る温泉をただで入っていいって言われて。それがもう嬉しくてね。なるべく、終わりのぎりぎりで行けば、すいていて、子どもたちもちょっと泳げるからとか、いろいろ下心があって、初日は、夜9時までというのを8時45分ごろ行きました。そしたら、もう入れてあげないって言うわけ。だから、いや、10分で出ますって。それでほんとに10分で出てきたの。

初日がそうだったから、子どもたちは毎日それから10分で出るもんだと思って、サーッと流して入るでしょう。私がアッと思うともう誰もいなくて、みんな着がえて、ロビーで待ってるのね。だから村の人たちも、まあよくできた子たちだねえって。

その大きな温泉は浴槽が2つあるものだから、子どもたちはもうご満悦なんですよ。だから毎日、眠たかろうと何だろうと、何も文句言わないで「温泉行くよー」って言うと、みんな喜んでました。私たち職員もやっぱり休まるんですよね。

村の子どもは家の中で過ごす!?

食事の支度は宿舎に素敵なお台所があって、ガス台が6個もついてるんですよ。そこで自炊ができるんです。私たちにうってつけなんですよ。朝昼晩、8泊9日、全部作るんですから。お昼はお弁当を詰めて、日がな1日、自然の中で過ごしました。

勉強は、もうなしです。

体験すべてが、勉強だからね。

村の子は外では遊ばないんですよ。おうちの中でテレビ見たりね、ゲームやってるの。やって来た私たちが、焚き火をたいて、獲った魚を焼いたり、子ども同士で延々遊んでるでしょう。だからそれが珍しい風景だったみたいです。

私たち職員が夕飯の支度をしている間、1時間半ぐらい、子どもたちは村の広場で遊んでるんですね。それを見た村の方が感激して、村の役員さんたちがぜひ村の子と交流させたいものだって。

みなさんやさしくて、手作りのおしょうゆだとか、とった野菜だとか、煮たものだとか、持ってきてくださるんです。地でできたものを食べられるというのが、私は一番の喜びですから、うれしかったですね。

青木村というのは人口何人だったかしら。少ないんですよ、すごく少ないんです。

小学校、中学校、1校ずつしかないし、保育園も1つしかない。

カラフルな発泡スチロールで鳥を作る

8泊9日のうち、1日だけ雨が降ったんですよ。でも雨が降ったからお部屋にいるなんて、「いなほ」の子たちはできない。

病院がリハビリのために作ってるかなり大きい温泉プールがあるというので、それに行くことにしたんです。峠道を越えて、道に迷いそうになりながら、その温泉プールに着いたんですよ。遅くなっちゃったから、もう誰もいない。だから貸し切りですよ。リハビリに使うのだから、学校のプールよりはるかに広いんです。半分はリハビリ優先で、半分は民間の方用ということになってたんですが、その日はどこ使ってもよかったんです。

私がびっくりしたのは、この子たちの発想ですよ。

色のついた発泡スチロールの筒がいっぱいあったんですよ、浮けない子とか泳げない子たちが、リハビリで使うんでしょうね。

それで子どもたちが勝手に、自分たちが乗れる鳥の舟を作り出したんですよ。高畑（勲）監督が紹介してらしたフランスのアニメーション「アズールとアスマール」に極彩色の鳥がでてくるでしょう。あんな感じ。一人の子は女王様みたいに乗るの。わきから鳥の羽みたいに発泡スチロールが広がってて、それでカパーッ、カパーッと船みたいにこぐんですよ。大きな翼の鳥の船が浮いているみたいな形です。

3種全部違うのを作ったんですよ。普通の発泡スチロールは白だけど、そこに置いてあるのはカラフルなんですよ。だから子どもたちは、そのカラーを見事な翼にイメージしながら作ってるわけですよ。本人たちは、何の感激もしてるわけじゃない、遊ぶという当たり前のことでやってるんだけど、私はもう感動しちゃって感動しちゃって、たいした子たちだなと思ってね。

人為的なものには無関心

9日もありますけど、毎日くたくたになるまで遊ぶんです。

沢にも沼にも行ったんです。

村には、古代村みたいなのとか、地球村とかすごいタイトルの施設があるんです。ぜひそこへ来てくださいって言うから、ここはうちの子どもは喜ばないぞと思ったけど、でもとりあえずは連れて行ったんです。やっぱり何の興味も示さないんですよ。わざわざ古代村のような建物を作ってあっても、あの子たちは興味はないの。人為的なものは嫌いなの。だめなんですよ。小さな池をわざわざ作って、そこにつかまえてきたザリガニだとかカエルだとか入れてある。私たちってそういう作り物的な生活をしてないから、かわいそうになっちゃうわけ。だからだれもそんなところはフーンという感じで「すみません、ザリガニって毎日見てるものですから」って謝ってね。ふだんはそういう人為的なところは行かないんですよ。

それよりもほんとうの沢。そこにいる生き物、沢ガニは嬉しくて、すぐ見つけに行くんですよ。沢ガニだ、沢ガニだ、キャーッて(笑)。でも、その池にわざわざつかまえて入れてある沢ガニには騒がないんですよ。楽しみ方が違う。

地元の子より早く、桑とかでもみんなめっけちゃう。

こういったことは煎《せん》じ詰めていくと、原点は「いなほ」のささやかな暮らし方にあって、ゼロ歳から年長までをそうやって過ごしてきたから、ね。けやき組のお兄ちゃんたちがやってることを、学童保育の子も在園の子たちも見てるから、伝書をもらっちゃうみたいなかんじで伝わっていく。だから私としては、何ら批判されることではないと思ってますけど、普通だったら、やっぱりできないことは多いと思うんですね。

「いなほ」は、もうゼロ歳のときからずっと焚き火でぬくもり、1歳から火で遊んでますね。やぶから棒に行って、魚が獲れるとか、桑がとれるとか、あそこへ行けば、薪《たきぎ》用の木があるなんていうことがわかるというのは、無理ですね。いろんなそういう体験があってだと思いますね。

魚釣り

釣りは「いなほ」でもよく行くんです。近所の川だったり少し遠くへ出かけたり。ほとんどけやき組の子たちと年長さんと一緒でね。

子どもたちは自分たちで今日は釣りに行くと決めて、どこの川に行くかでエサが違ってくるといってエサも探すんです。川虫を取ったり、ミミズだったり。サシ(ウジ)とか、どこの川に行くかっていうんで決めるんですよ。この季節は魚の大きさはどのくらいだとか、私も子どもに教えられて、いろいろ覚えていきますよね。

他の保育園では川遊びとか釣りとかあまりやらないでしょうけど、うちはすごくさせていま
す。周りには魚が獲れる川が流れてたんだけど……開発でね、そうはいかなくなりました。

ここに保育園を引っ越ししてきたころは、魚が釣れるなんてもんじゃなくて、みんな手で獲ってましたよ。だから子どもたちも、わかっています。あそこの川に、春だからもう魚が出始めただろうとなったら、何をやってたって、いなくなっちゃうんですよ。どこに行くのかなって思うと、魚をちゃんと見つけてくる。そういう嗅覚《きゅうかく》は早いですよね。

子どもたちはそうやって日頃も魚を釣りに行ってますが、渓流釣りは全くの自然だから難しいんですよ。川は木が被《かぶ》さってるから、竿や糸がひっかかっちゃうんですよ。釣りやすく、エサを入れやすい、そんな都合のいいところに、魚は馬鹿じゃないからいませんよ。下級生は針を捨てに行ったようなものです。みんな釣り針がひっかかっちゃって。

下級生たちは現地でのミミズ集めが大変。それでも楽しいんですね。

青木村の宿泊所から家に手紙を書いたんです。2年生のマシュウちゃん、男で一番下の子ですね。まだ、字なんかたくさん覚えてないけど、心の中味がたっぷりで、言葉と文章が先に出てきちゃうんですよ。だから習ってなくても一生懸命書いていっちゃうんです。その子の手紙には「魚釣りをしました。ミミズがとれました。楽しかったです」って書いてあるの。

上級生の親分に「ミミズとってこう、ミミズとってこう」って命令されて、あちこちほじくり返して、持って行くんですが、すぐなくなっちゃうの。針を引っかけちゃあ、捨てちゃってるわけだから。だから3年と2年の男の子はミミズとりで必死なの。おかげでカナヘビの卵を

見つけることができちゃってね。同じような場所に産卵してるんですね。

子どもたちもカナヘビの卵を見つけたり、ミミズが見つかったときはうれしいわけです。「ミミズがとれました」っていう手紙、私はこれだけで十分でしたね。この子が過ごした中での最大の喜びだったことがわかる。

何日かいるうちに、だんだん要領を得てくるわけですよ。親分の分もとって、自分のミミズも見つけて、親分に命令されない間、自分もそのミミズで釣ってみる。それでも楽しい。楽しかったって手紙書いてるんですから。

女の子たちはそういうときは川遊びしてるの。あとは河原で、甲羅《こうら》干したり、濡れたものをみんなで乾かしたりしている。自分たちで自然にそういうふうにしてね。

夕焼けの中で山の上にあるお寺の鐘を聞きながら、それがとってもいい音なんですけどね、女の子たちは、とってきた草を編んで、いろいろ飾りをつくったりもしてる。ズラーッと全部並べると、それはすばらしいの。「写真撮っておきな」と言ったぐらい。

そうやって女の子はグループ全員で遊ぶ。地元の人が、「こんなに子ども同士遊ぶんですね、子どもの遊びを逆輸入しなきゃ」って言ってたぐらい。

今年1年生になった2人も、8日間ずっと一緒です。ルンルンで、家に帰りたいなんて言うことはない、「まだいたい」って。

夜に泣いたりとかも全然ないです。もうほとんど、へいっちゃら。温泉行くときは、行く前にみんな、自分で寝袋をきちんと敷いて、帰ってきたらそこに入って寝るだけにして行くんです。そんなことは教えないんですよ。言わないのに、みんなそうやって。

夏遊び・山に登る

8月の6、7、8、9日は、学童といがぐり組とけやき組で2000メートルの山に行ったんです。長野県の入笠山です。全部で103人です。

ここでは宿泊は山荘やバンガローです。ご飯を炊くのはかまどです。大人もまぜたら120人近いですよね。それでお昼のおにぎりも100個以上作らなきゃいけない。だから梅干しをちゃんと持っていきましたよ、自分たちで漬けた梅干しです。子どもたちも梅干しが大好きなんですよ。そのままストレートに漬けてあるものですから、甘くない梅干し。

保育園で日頃からいろいろなことをしているから、高い山の合宿でもすべてできちゃうんです。あらゆることは全部自分でやってますから。山でも洗濯物は自分でしますよ。

高い山だからいろいろ遊びはあるんです。あそこまで行くと空の星もすばらしいし、冷たい渓流もあるんです。

そこでウロ掴《づか》みって魚を素手で捕まえるのをやったんです。

2000メートル級の山の渓流に行ったら、魚はすばしっこいですから、釣りは難しいんですね。ウロ掴みのほうがいいんですよ。6年の学童を北原さんが連れていくわけ。けやき組のカズヤは5年でしょう。連れて行ってもらえない。だから、そのときはやらないで、後から黙って行ってやったんです。

こういうときは私たち先生は一緒に行っちゃっちゃだめなんです。先生がいなくてやることがいいんだから。でも、それは信頼関係ができてなかったらできないですよ、危険ですから。学童の6年生たちは獲れなかった。だけどカズヤたちは獲れたんです。

それで魚を獲って、例のごとくさばいて、夜みんなが寝静まってからキャンプファイヤーの焚き火で焼いたんです。夜中じゅう火は残してあるんです。置き火で焼いて食べたのね。

焚き火は星を見る場所でもあるんです。焚き火の周りにみんなゴザを敷くんですよ。こう八方状に。そして仰向けに寝ながら星を見るんです。今年はもう満天の星だった。光り方がすごくきれいで。流れ星が飛ぶんです。13日がペルセウスの流星群の極大日だったから少し早かったけど、それでもずいぶん見られました。

星座は見るわ、流れ星は見るわ、獲った魚は食うわね。カモシカも見たし、ご来光も見に行ったしね。本当にすごい夏休みでしたよ。コウモリも見たしね。あんなふうに本物の遊びやっちゃってたら、他の遊びはつまらないと思いますよ。

だから私もね、子どもたちが、もう夜通し起きてたって、やりたいことは全部やるんだし、いいやと思って(笑)。女の子はね、力尽きて寝ちゃうんですけど、男の子は昼間、移動の車の中で寝ちゃうんですね。それで夜はみんな必死になって、魚を調べたり、それから釣りの準備でね、徹夜で起きてる。

けやき組の子と学童の子というのは、やっぱり遊ぶことの質が少し違ってきますね。けやき組には自分たちが一番大事に思うものを、興味やいたずらで壊されたくないという一生懸命さがあります。魚獲りひとつでも、片方は遊びで、もう一方は遊びが遊びじゃないんですよ、もうそれが生き方だから。

学童の子は、遊びは遊びだと思う部分があるから、真剣さの度合いがちょっと違いますよ。その下にいるいがぐり組は、お兄ちゃんたちをじっとよく見て、口には出しませんが、2種類の先輩たちがいるって、それはもうわかっています。日常でもそうですから、それはよくわかっていますよ。わかっていての合同の夏遊びなんです。

子どもたちは夏を満喫してる。

だから夏の大事なことっていうのは、やっぱり理屈じゃないんですよ。私はあんまりうるさいこと言わないんですよ。星は、見たかったら見ればいいし、何か覚えなくちゃいけないとかないんですね。ただ自分たち大人が、あそこにはこれがあってって、ただ感動してしゃべってれば見に来るんですよ。さあ集まりなさいなんて言わなくても。聞きたい子は聞いていればよくてね。それで十分感じられる子になっていけばいいんです。

危険といたずらが当たり前

いなほ保育園は子どもを放りっぱなしのように見えるかもしれませんが、子どもはいたずらと危険が当たり前なんです。大人がいたらそれはできないんですよ。

私は保母さんによく言うんだけれど、「あなたが隣にいて、あの子は木から落ちるかしらとか思ってたら、その子は本当には自分が解放されないのよ」って。「横にいなくても、そう思って心配そうにしてるっていうのはわかるのよ」って。「そういうものがみんな子どもを引っ張っちゃうから、それは全部捨ててください」って言うんですね。

それを捨てない限りは、いなほ保育園は保てないんです。

子どもが「和子」って言っている段階のときは、子どもから見て私は全くの同類なんですね。けれども一旦《いったん》、何か起きないかと目を配っているときは子どもと同じ次元じゃないんです。

幼いときに体験した感覚、例えば「いなほ」の夏祭りで自分が作った灯籠《とうろう》が美しかったという覚えはあっても、あの上まで上がるとか、幼児のときは知らないでしょう。大人がそんなことをやってくれていたなんて、知らない。

ただ茫洋《ぼうよう》と浮かぶ光の揺れ動きとか、神社の林の木の陰から見え隠れする盆踊りの華やぎとか、そういう記憶はビッチリある。

だったら、そこからどうやって今の大人になったかを、フィルムを逆に回してみるんですね。そうすると、大人が何をしていたかが、わかる。

でも一旦お祭りの場面になって、子どもと戯れるときには、そのときは、私も子どもになっているわけですよね。どんなときでもその両方を、こちらはしなきゃならないけど、99％は、私たちは保育園にいる間は子どもと一緒です。

たいていの大人は子どものようなフリはできるけれど、子どもにはなれないんです。でもね、幼児期をそうやって体験していれば子どもになれちゃうんですよ。そのときの感覚で遊べばいいわけだから。

そういう考えが根っこにあるので、園でもそうですが、夏遊びに山へ行っても、危険がいっぱいであっても、子どもがそれを望んでるんですから、そうさせるんです。

10

花火の上がる祭り

（9月）

夜6時半、まだほんのり明るさが残る桶川の夕暮れ、入り口に赤い鳥居が立ち、まるで参道のように灯籠《とうろう》が立ち並ぶ。灯籠の絵は子どもたちが描いたもの。

子どもたちは浴衣《ゆかた》や法被《はっぴ》姿。女の子は長いたもとがうれしいらしく、くるくる回転していたりする。法被姿の男の子は、手には焼きそばを持ち、ほおばりつつ歩いている。「くろやま」と呼ばれている園の小さな広場に屋台が並ぶ。男の子はそこで買ったらしい。

だいぶ暗くなった。

屋台の売り子は子どもたち。お料理を作るのは親たちだ。

「冷たい飲み物はいかがですか」「イカが焼けてますよー」、年長組の子どもたちの元気な声があちこちから飛んでくる。現金でのやりとりだ。100円とか、50円とか小さな子も大事そうにお金を財布からだして買っている。

ヨーヨー釣りに金魚すくい、町の祭りと同じようなしつらえの中、子どもも大人もさんざめいている——。

いなほ保育園の夏祭りは、ふだんの明るく元気な「いなほ」の雰囲気を一変させた、「夜」が主役の祭りだった。人の顔もはっきりとは見えない中、竹林を越えてくる風が気持ちよく、そこにイカやらポップコーンやらの香りがただよう。言葉ではなく、感覚が伝えるものが多い世界だ。

祭りの最後に真っ黒な夜空に上がる30発以上の打ち上げ花火。子どもたちにこの3時間あまりの祭りは、どんな思い出を残すのだろう。

今月もまた北原先生を先頭に、すばらしい記憶を子どもたちに残そうとする、保育の試みを見せていただいた。

夏祭り

9月1日が「いなほ」の夏祭りだったんです。連続の猛暑でしたけど、その日だけちょっと涼しくなったんで本当にありがたかったですね。園の入り口から灯籠が並んで、夜店が出て、本物のお囃子《はやし》が来て、お神輿《みこし》が出て、踊りがあって、本物の花火を上げて、仕掛け花火まであったんですよ。お祭りはずいぶん前からあの規模でやっているんです。25年前に菖蒲(町)で「いなほ」を始めたときから本物じゃなきゃだめだと思ってやってきてます。

囃子連や花火師も菖蒲のときから来てくれてるプロの人たちです。お囃子は諏訪連。太鼓と笛とですね。なぜそんなに大げさにって言われますけど、祭りは大事なんです。

昔だと神社とかお寺とか、そういう境内で村の鎮守《ちんじゅ》のお祭りがあったでしょ。そこには村の人がみんな集まって楽しみましたでしょ。同じなんです、「いなほ」の夏祭りも。

実際にお祭りに来てくださるかどうかは別にして、花火があがれば「今年も『いなほ』の夏祭りだ」って近在の人もみんな見てくれますでしょ。

園に来てもらえなくても、お囃子や音色は伝わっていくし、あがる花火は見てもらえるし。どっかに共有、共感がもてれば楽しいでしょ。思想信条が違おうと、いろいろいじめる人も、助けてくれる人もあるけど、お祭りは楽しみたいんです。祭りって本来そういうものだと思うんです。だから「いなほ」の夏祭りはみんなが共感しあって、懐かしく思うものをやりたいんです。それもやるからには本物で、本気でやりたいんです。

菖蒲のときは庭がなかったから逆に面白かったんですよ。

前に話したとおり、菖蒲は庭全部をプールにしちゃったでしょ。そのプールの上でお祭りしてたんです。プールのど真ん中に櫓《やぐら》を組んだんです。水の浮力があるわけですから、これは物理的には難しいですけど、櫓を組んでプールの真ん中においたんです。これにからくりがしてあるんです。

中は始まるまで見えないようになってるんです。

子どもたちが作った灯籠を中に飾っておいて、始まるころに、灯籠に明かりを次々に入れていっても、子どもたちは中はどうなっているかわからないんです。そして火がともされて、だんだんだんだんお囃子の音が大きくなって、扉が両サイドに開くようにしたんですよ。両サイドで灯籠がともると、秋田の竿燈《かんとう》の祭りみたいに見えるんです。そして、真ん中でお囃子が始まるわけですよ。

前日まではそこはプールなんです。その夜だけそこが祭りの広場になるんです。

私もよくいつも発想がわくもんだなと思って自分で感心しちゃうんだけどね。根っこにあるのは子どもを絶対感動させてあげたいっていうこれなのね。

今回もそうだけど、保育を2時までやって、祭りが始まる6時半までの4時間で全部園内を変貌させるわけだから、よっぽどイメージができてないと。

灯《とう》籠《ろう》

入り口からずっと火の入った灯籠がかけてありましたでしょ。棒の上に立っていたのはあれは何年か前の年長さんが作った物です。みんなすばらしい絵を描いてあったでしょ。「この子たちとだったら何を作ったらいいか」っていうのを毎年毎年考えて作っていくんです。みんな子どもたちは自分の灯籠を作るんですよ。

けやき組は形を作って障子紙に男の子は好きな魚を描いて、女の子は花の模様や鳥だのを幾何学的に描きました。灯籠には自分なりの思いが込めてあるんです。

いちいち反戦だとか私はここで叫ばないけど、お盆っていうのはね、霊が帰ってきて、生きている人たちとともに暮らしてっていうのがあるでしょ。そのことを頭に置いて作るんです。「一生で一番衝撃を受けた写真は何ですか」って言われたら私、広島の原爆の写真と、第五福竜丸の被爆の写真をあげる。これほどの衝撃はなかった。そこに始まって無名の戦没者があり、「野麦峠」があり、もっと戻っていけばきりないですよね。そういうことをやっぱり蓋《ふた》をしないでね……。

日本っていうのは、そういう人たちを踏み台にしてね、ある意味では生き残った人が罪ないだと、私はそういう思いがあるわけです。だから、精霊が全部、眠りながらでも存在してくれてとか思っているから、灯籠をともすと厳《おごそ》かになるんです。子どもたちもそう感じていると思います。

（園庭の）森の中から灯籠を持った子どもたちがずっと出てくるでしょ。あれは何も練習もしないし子どもたちが思ったまんま出てくるんです。入ったばっかりの子やちっちゃい子も、何もわからない。本当にいつどこから灯籠が出るか、灯籠を持って出る人も、灯籠に火を入れる人も知らないんです。

「灯籠はどっから出るんだ」とかね、「和子さん灯籠はどこに置くの」とか、現場でやってましたでしょ。もう終わっちゃったのかしら、と思うと、またスーッと、狐火《きつねび》が出てくるみたいに出てくるでしょ。

ああいうのを強制と訓練でやってしまうと、想っている意味がなくなりますから。

ここでは灯籠流しができないから、最後はプールに浮かせて灯籠流しのつもりです。それでね、また来年会いましょうっていう願いです。

灯籠流しは、菖蒲（町）に「いなほ」があったときは前が川だったから、本当に川に流したんです。あそこは前も横も川だったんです。横が一番大きい川なんだけど、大きいと取りに行くのが大変だから前のほうの川で流しました。

今回は鳥居が立ってたでしょ。鳥居の提灯も苦心して作ったんですよ。けやき組が作った今年の提灯は、すっごい難しいんですね。きちーっと骨組みで均等に形を作ってから紙を貼るのが難しいんです。1年から6年生までで勝手にやってみてっていうんで始まったんです。

鳥居を越えて行くと、上にすごくカラフルな中国風な提灯があったでしょ。あれもけやき組の子が木枠を組んで、6面は難しいだろうから4面で作ったんです。

紐《ひも》がぶらさがってて、結構手が込んでんですよ。みんなでやったのね。テラスの紅白の垂《た》れ幕の前には、けやき組の子たちの提灯を、こっちのほうには年長の「いがぐり」さんのを。それも先輩のけやき組のを一生懸命真似してやったの。火がともされたらずっと並んで絵が浮き上がって、きれいだったですね。

屋台

奥の山の上の広場には屋台が並んでましたでしょ。お母さんお父さんたちがやっていた屋台です。あれも菖蒲のときからやってます。

今年は何軒あったかな。ゼロ、1、2、3、4、5歳……それから学童と職員がバザーをやっているから少なくとも8店舗で、1つのクラスが3個くらい受け持ってますから、24種類くらい。園児のお父さんに魚屋さんがいますから、マグロの頬肉があったし、焼き鳥に焼きイカに焼き魚に、とうもろこしもありましたね。まだほかにも焼き物があるはずです。焼きそばはもちろんありました。

カレーが普通のカレーにタイカレー。混ぜご飯は五目系が3種類、それからお寿司系が2種類、ご飯だけで5種類ですよ。焼きおにぎりもありましたでしょ。それからポップコーンがありました。ポップコーンが何種類か。蜂蜜入りとか。

それからカキ氷でしょ、ヨーヨーと金魚すくいはもちろんある。それからおそばとうどん。名人の手打ちうどんなんですよ。ほんとのおそば・うどん屋さんがやったんですから。それからフルーツ寒天みたいなのとかね、マンゴープリンとかヨーグルトもあったし。

学童とけやき組の子どもたちも焼きおにぎりだ、ジュースだとか作ってるんです。自分たちでバザーのために何日もかけて品物作ってるわけ。その品物を売ってんですよ。くじ引きやったり。みんな昔、私たちが遊んでたことですよ。そこそこに、高い値段じゃなくて、自分たちがみんなお小遣い持ってきて買えるようにしてあるんです。

タイカレー人気あったでしょ。おいしかった？　あのタイカレーは、園児のお父さんでタイ人の方がいるんですよね。その方が一番得意な料理を作ってくれるんです。みんな賢いからね、焼き鳥でもマグロの頬肉焼きなんかもあったけど、そういうところに勤めている親をね、引っ張ってきてやるんです。私食べてないんですよ。いつも食いっぱぐれに、飲みっぱぐれなの。すべて終わったら初めてやっとね。12時ぐらいに、やっと食べられるんだけど。

親たちが一応自分たちがやったものを和子さんには見せてあげたいからって全種類とっといてくれるんですよ。それでもなかなか食べられなくてね。

卒園した子の親で葡萄《ぶどう》作ってる人が、祭りの日にちゃんとお客さまに出せるように持ってきてもくれるわけですよ。

いろんなことが、人と人との絡み合いです。私が一番うれしいのがお互いに共感しながらかぎ分けて、作り上げてく。こっちが「こうしましょう」で設定しないでできてるところに、子どもが育つ原点が出てくるんだと思うんです。そういうごめきがずっとあるから。子どもなんかそこに居ながら育っていける。

そういう中にいれば、規則として「これをやってください」「これはこうなっております」「何組さんは何です」とかね――そういうことでしたら面白味がないと思いますね。別に行事じゃなくても毎日の保育そのものが全部そうだから、最初にここに子どもを預けた親はカルチャーショックみたいで、驚くかもしれませんけど、子どもが良いもんだから、だんだんなんとなく気持ちが穏やかになってくるうちに、親がそういうふうに発想するようになるんですね。

作業の日でも、最初はみんな知らないからね、手ぶらでやって来るけど、何年か経た親たちはみんなお道具持ってくるんですよ。自分のうちの大工道具。こんなものをだいたい持っていきゃ間に合うだろうと言ってね。誰もそんなの決めてないですよ。

みんなの中でやってるうちに学んでいくんでしょう。自分はあれを持っていったら役に立つ、とかね。そうなっていくんですよ。役に立ちたいって思うしね。あの人は気が利《き》く人だとみんな言うだろうしね。

今までの概念は手伝うなんですよ。手伝いだと主人公じゃないんですよ。だけど「いなほ」は全部、私は主人公にするんですよ。

参加するってのがないと、ただのお客さんになっちゃうんですよね。それじゃつまらないし、行事もみんな保育だから親も参加しなくちゃ。一緒に楽しむことが保育なんです。

鹿踊り、ザゴンゴ

夜店が終わってお囃子が始まるとみんながホールの前の広場へ集まったでしょ。それで子どもたちが（園庭の）森から持ってきた灯籠に火が入って、それを棚に竿燈祭りのように飾ってね。あれもあの場でやってるんです。北原さんや「いなほ」のことをよく飲み込んでる人に、柱のそばに立って、火を入れて飾ってもらうんですね。

そして踊りが始まったんですね。

今年は、年長の先生に岩手出身の人が居たからザゴンゴにしようと決めました。ザゴンゴは鹿踊りです。子どもたちは鹿踊りっていうよりザゴンゴって言ったほうがいいんですって。「ザンジキシッコウ、ザンジキシッコウ、ザゴンゴザンゴ」っていうリズム感でやってるから、みんなザゴンゴって言うんですよ。

ザゴンゴの道具や飾りは当日にできたわけね。当日できたから、あの子たち、全部の道具をつけて初めて、暗闇での演技なんですよ。予行練習はないんですよ。

今年は、ハードスケジュールでね。夏休み明けすぐ1週間でまた私が韓国へ行って、いなくなっちゃう。園にいた日が1日2日しかないんで、自分たちで装束のササラとか、年長さんたちも自分でみんな作って。お面はけやき組が。本当は年長さんがやるんですけど、２日だけだと無理だったからね。私もおっとばすの嫌いだから、今年はそうしました。自分で角だの髪の毛だの何だのみんな見つけてきて自分で作りな、って。

踊りにしても仕込んでって言うんじゃなくて、まるっきり自分たちが楽しんで、ちっちゃい子も3歳や2歳の子まで思いっきり、みんな身振り手振りをやってね。

でも子どもたちが育ってないとできないですよ。いきなり何もない真っ暗闇で、しかもでこぼこのところで、どこから出てくるかも何するかも何もわかんないで、赤とんぼ組とね、もう一つの組よ、って2つの組に分かれて、好きなようにやってらっしゃいって送り出すんですから。

そのときのその気持ちでやるから、祭りには順序もプログラムもないんです。そのときの動きの気分で職員も踊りの輪に入れてんですよ。だから一番から何番まで、ってのは全然ない。そのたびにそのときやりたい発想でやるから。

お神輿

お神輿は、お祭りを一番たたえて飾るものだから、見てもらいたかったですね。お神輿の正面には、けやき組の子の自分たちがザゴンゴを踊る姿を描いた絵と、子ども太鼓連の姿が飾ってあったんです。ものすごい凝ってんですよ。もう日本の情緒そのものが全部そこに入ってるんです。

お神輿に全部で100体くらい、子どもたちが自分で作った人形が並んでるんです。人形は毎年毎年増えていくわけですよ。

お人形は子どもたちが自分を表現してますから、自分がその神輿で楽しんでる姿なわけね。子どもたちのいろいろな表現力で作られたお神輿なんですよ。

なかなか今ね、ああいう風景や表現っていうのはないですよ。今ふうなのはあるかもしれないけど、全く昔から変わりない江戸情緒のものは、ね。

職員が踊った「佐渡おけさ」は、私の一番好きな踊りなんですね。灯籠と同じように夏祭りの象徴だと思っているんです。

人の人生は難しいですよ。無念にうずもれていった方が、99%ですよね。したいことをやれたなんて人は少ないもんで、やっぱり無念で終わっていったと思うんです。それを晴らすっていうこととは違うんですが、「佐渡おけさ」を踊ることで、命を表現する、命を踊るみたいなものを感じるんです。

ですから簡単に踊ればいいんだ、とかじゃだめなんです。信念を入れてもってかないとね、立ちきれないんですよね。

前に1人だけそういう方の踊りを見たことがあって、その人のところに教わりにいったんで、す。今年は若い保育士を3人を行かせました。

で、夏祭りで踊るのはオーディションで決めるよって。いい加減にやったらだめだよって。和子さんもオーディション受けるからね、みんな見ててねって。踊れるのは6人だけ。そのくらい厳しく思いがこもっているんです。

あの踊りは広げた手も、中途でとまったら意味がないんですね。もうずっとはるか遠くまで、どこまで行くかわからないくらい、死者の怨念《おんねん》まで行くんだっていうその思いで踊りきらないといけない。みんな思いを残して果ててったわけだから、それを鎮めてあげる気持ちでね。それができなくちゃならないからね、甘えちゃだめなんですよ。美しく決して甘えないっていうのがないとね、踊りに負けちゃうんですよ。

それを、あのでこぼこの穴だらけの斜面でやるんですから困難ですよ。練習なんてできるもんでもないから、オーディションやって選ばれてから1、2回踊ってみただけで、いきなりあの真っ暗闇の中で本番です。「佐渡おけさ」はかぶり物で目を塞《ふさ》ぎますから、全部勘で動くしかないんです。前も後ろも下も見ちゃいけなくてね。足裏で感じ取るだけだから、バランスとらなくちゃいけないから、舞台でだって難しい踊りなのに、あの斜面ですからなおさらです。

今回の祭りで大人が披露したのは「佐渡おけさ」だけです。年によっては、違う踊りをするときもあります。

灯籠と「佐渡おけさ」はね、賑わいのものではないけれども、ここの夏祭りの心の臓の灯火みたいなものなんです。

花火

夏祭りはなんといっても欠かせないのは花火ですよ。

仕掛け花火なんかも花火屋さんが勝手に自分で決めてきて勝手にやってくれてるんですよ、園内に立ち入り禁止と縄が張ってあるから、私も「なんだろう」と思ったの。

うちの人たちの感激が向こうに伝わってるから花火屋さんが張り切って来るんですよ。だから、もっと見せたい、もっと見せたい、感動させたいってね、張り切っちゃってね。だんだん腕の良い職人を増やしていくしね。毎年花火も変わってくんですよ。

今年は庭の大きさに合わせた仕掛け花火は、特製ナイヤガラですよ。すばらしかったですね。あの花火屋さんは秩父の花火師。秩父の夜祭りは有名なんですよ。秩父は夏の8月15日と12月の3、4日の夜祭りのね、この2つあるんですが、来てくれたのはそこの花火師なんですよ。

その方は最初の菖蒲のところからやってるんです。

私たちは花火師を誰も知らなかったですから、菖蒲でそういうことを良く知ってる人がいたんで、相談したんですが、「『いなほ』の人たちは本物じゃなくちゃだめだ」っていうんで秩父の夜祭りの花火師にたどり着いたんです。経済的には大変だけど、子どもに見せるなら本物でなくちゃあ。それが私の信条だから。

今年も30発は上がってます。

あれを見るとね、泣けちゃうんですよ。自然と人間とのいろんなしがらみやいろんなことがあってもね、パーンと行くか、みたいになるしね。なんか今日だけは仲が良くても悪くてもみたいな、ね。花火は一瞬だけはすべて忘れましょうってね、そういうものですよね。

花火師はあれが終わるまではもう全力、真剣に集中してなくちゃならないから、飲むも食べるもいっさい口にしないんですよ。ものすごい緊張で、やり終わるとほっとするんですよ。それわかってるから終わったらご苦労様っていう感じで接待するんです。

花火って消防法かなんかがうるさくて大きさに制限があるらしいんですが、今のところはこの辺はまだ空間がいっぱいあるでしょ。このあたりのほとんどがうちの地主関係だから。意地悪言ってブーイング言ってきた人もいるんですよ。そしたらね、地域のほうがはね返してくれたの。「俺たちだってなあ、これ実は楽しみにしてんだから」って言ってね。

これは、ここの集落全体のお祭りだって言ってくれてるんですよ。だからね、「今年はやんないんですか」とか「いつごろやるんですか」と、聞いてくださる人もあるから。

ま、そういうことで、今のところは畑が多いから、ああいう許可が下りるんです。ここが人口密集地になったらだめですね。だからできるまではやるっていうね。普通はこんなのね、やらないですよ。場所もだけど、お金も膨大ですから。

だから私も親たちに集まってもらって、保育の中で子どもたちが良くなったことといっぱい話してあげながら、お祭りもみんなで楽しみにしててくださいよ、皆さんのやりたい放題にお店やっていいですよ、と言うんだけど、でも花火代が取れるようにね、しっかりちゃんと稼いでくださいよ、稼いだお金は持ってかれないようにしっかり握っててくださいよ、って言ってるんです。

夜店で売った売り上げが花火のお金になるんです。そうしなかったら大変ですよ。「いなほ」はお金ないんですから。それでもあれだけは、やりたくてやっちゃうんです。

だからといって改めて花火代を集めたらだめです。そういうことやると親はもうこないから。みんなやめちゃう。だから、みんな、手作りでね、何にもないんだから。花火やりたかったら手作りで儲けるしかないって。親たちも考えるわけですね。それがいいんです。

お客さんは今年は1期生から近所の方から卒園者、親たちまで含めたら500人は来てましたね。

浴衣《ゆかた》姿

子どもたちはみんな浴衣や法被姿でしたでしょ。浴衣は保育が終わってからみんな一回おうちに帰って着てくるんです。土曜日ですから2時くらいで帰って、それで着て来たんですが、そうじゃない日のときもあります。そういうときはここでみんな着替えてます。

お祭りの2、3日前から園の入り口でバザーが始まるんですよ。覗《のぞ》きに行くとね、親たちが法被や浴衣に帯を売ってるわけ。自分のうちで、ちっちゃくなっちゃったのを出すわけですよ、つんつるてんになったの。そうすると、まだない家が100円くらいでそれを買っていくわけですよ。ですから100円で浴衣の準備ができちゃうんです。で、他で買うよりここのは、日本古来のものを重視してるのがあるから、そういう点でもいい品なんですね。

祭りは当日1日だけじゃなく、バザーや準備から始まってんですよ。

保育を本質的なことをやってれば親はそういう形で動いてくんですね。私が強制してやってんのは1個もないんです。私は本来やりたいことをやるっていうだけなんですね。だけど、それがまた染みてっちゃうんですね。全部その横にいる父母にも職員にも。染みた人からまた次に染みわたっていくんですね。だから染みて染みて染みて、広がっていって自主的にさまざまなことが進んでいくんです。

園の周囲のあちこちにみんな車おいてましたけど、何にも文句言われずにやってるんですよね。車が一杯になるというのはみんな知ってますから、暗黙の了解で、「お宅、歩いて来いよな」とか「うちは自転車で来る」とかして、車が増えないように気をつかってるからできてんですよ。そうじゃないと、できないんです。

やっぱり地域の方々にも怒られないようにやってくださいって言うんです。私がそういうんじゃないのを嫌うから。そうじゃないことをすると、いかにも得意がってやってくれても、私はちっとも嬉しそうにもしないし。それから讃《たた》えもしない。感動もしない。

何がいいと思って生きてるかってことが、伝わってくることがなにより大事だから、行事が先じゃないんです。生きてたらそこに行事が来るんです。誕生日だからお赤飯炊きたい、嬉しいってね、そっちが先なんですね。

園は鎮守の森になる

こういう夏祭りもいなほ保育園のような森や暗がり、小さな広場があってできるんです。あの暗さがいいんですね。厳かな気持ちになりますでしょ。

そういうところまでイメージを持ちながら園の庭を作ってきたんです。やっぱり木がなかったら、森がなかったら、っていう思いがありますから。それを借地という条件の中でぎりぎり植林をしたりね。だいたいこの辺にこういうふうにやっといて、ここら辺はこういうあれにして、とか考えといてやってきたんですね。

園の中に鎮守の森があって。お祭りは鎮守でという昔ながらの日本人の伝統があるからね。

それで踊りは町や村の広場でやったように、ここも小さくてでこぼこだけど広場でやるんです。私の中には園の中に欠かせない大事な3ヶ所があるんです。

土のところ、こんもりと木に囲まれた場所。

それからこのちょっと低くなったり起伏したところ。

そこからこっちは牧場とこれがまた違った森につながっていますでしょ。これがいいんです。

お母さんが入園させたいと言って、それを渋っていたお父さんがいたんですが、あのお祭りを見てついに陥落したんですって。そのお父さんは感激して泣いて帰ったって言ってました。何か知らないけどね、見てると、涙が出てきて止まらないんだって。別にそういうためにお祭りやったんじゃ全然ないですけど、でもやっぱりあの、人のきらめきだと思うんですよね、お祭りっていうのは。それが出てたのかな。

祭りの後

子どもたちは夏祭りが終わるともう違う世界です。いつまでも余韻《よいん》でやっていくとだめですね。ピタッと終わりです。もう次の世界です。余韻は多少はありますが、あそこまでできたことを今度自分たちの流れの中でもっともっとやって踊っていくようになるから。ちっちゃい子も大きい子も、3月の卒園のころになってもう一度あの鹿踊りをやったら、まるで違うものになるんですよ。

夏の祭りが終わったら変身なんです。

だから祭りをやるんですよ。秋から冬っていうのは、春、夏とガラッと違うんですよ。夏はその境目ですからね。

草だって木だって毎日よく観察したら大変な変化をしてると思うんですよ。1日1日刻々と変化してるから。子どもたちも同じです。変わっていくんです。子どもを見てるとその変化がわかるから、保育はその変化にあわせてればいいわけですよ。そういう意味でも秋は実りの季節。その前の夏祭りは大きな境目の行事なんです。

それを間違えたり、欲張れば、間違った木の実になっちゃうんです。あるべき変化の状況がなければ、ちっちゃい実しかできないんです。大きな実にするには、人間だったらどう育っていけばいいのかっていうのはあるんですね。

子どもたちは成長が早いんです。それを見極めながら、今はこのくらいしてもいいっていうふうになるんです。365日の中の1日の中にだって四季折々があるわけですから、私たちの場合には人間の子どもがどうしたらゼロ歳から6歳まで、ま、けやき組も入れればね、春夏秋冬をどう生き抜いて1年が経ち2年が経ち、だから四季折々と毎日ですよね、毎日と1週間と1ヶ月と四季と1年とそれから6年という歳月で見ていくんですよ。在園は6年までですから。だから今度学齢にあがれば、だいたいそれが12歳までっていう、そういう長い時間の目の感覚が飲み込めてなかったらそれはできないと思いますね。

もう木には栗がなりましたよ。

子どもが先に言うんですよ「和子、栗もう取れるかな」。体が感じて呼ぶんですよね。そうやって育ってないとだめなんですよ。何か運動を特訓するとかね、秋だから紅葉を見せて、この葉っぱ描きなさい、じゃないんですよ。栗がもうなったはずだとか言うと、栗のなった情景が浮かび、それを食べることが浮かび、そのころだと俺の走る速さはこのくらい速いぞ、とか。全部子どもたちの成長が一本になってくるんですよ。

祭りの後に新しいお蚕をもらいに行きました。向こうの人が喜んでくれてね。今回は越冬させるにはどうするか、その話を良く聞いてきたんです。

このあいだはモンゴルの踊りにご招待されて行きました。それが台風の日だったの。関東地方に上陸したあの日だったんです。すっごい降りましたよ。

あの日、あの嵐だったんで開演が遅くなるんじゃないかと思ってのんびりしてたら、定刻開演だというので、乗り物を乗り継いで走って行きましたよ。

スタジオジブリの高畑監督が推薦なさってた「アズールとアスマール」も見に行きました。とにかくここは毎日が行事です。

10月28日が運動会の予定です。

運動会に向けての準備なんて「いなほ」にはないですよ。「いなほ」は毎日が運動会みたいなもんですし、予行練習とかリハーサルというのがうちにはないんです。どうなりますか、それが楽しいんですよ。

11

秋は踊りと音楽

（10月）

いなほ保育園の大きなホールの左端にピアノが置いてあります。そのピアノに北原先生が座り、テンポのよい曲を弾きだすと、子どもたちが大好きな「リズム」の時間が始まります。

私が見学させていただいたときは、ピアノに合わせて各組ごとに縄跳びをしたり(年長さんは二重跳びもできてしまうのです)、若い保父さんが鬼になって、逃げる子どもたちをホールじゅう追いかけたり、ホールから縁側をぬけて園庭の小山まで走っていってまた駆け戻ってきたりと、かなりの運動量の「リズム」が、1時間半近く繰り広げられました。

子どもたちはみんな、木の床を裸足で駆け回ります。裸足なので滑ってしまうことはありません。

ピアノのリズムが速くなれば、当然気持ちも高揚し、動きのスピードも増します。それが楽しくて、子どもたちは息をはずませながら、ホールじゅうを走ります。先生のピアノが子どもたちの様子を見ながら、その場その場をコントロールしていっているのが、見てとれました。

もし、これが、ピアノでなくて昔使われていたオルガンだったら、確かにこうはいきません。小気味良い動きを作り出すなら、鍵盤のたたき方で、ピッチを即座に変化させることができるピアノに限ります。

北原先生は公立保育園に勤務していたころ、たってと希望してピアノを園に導入してもらったそうです。ピアノの音域の広さが子どもたちの声の高音を引き出すにはふさわしい、そう思われたからだそうです。そして、今「いなほ」の子どもたちの運動能力や音への反応の良さは、このピアノによる「リズム」の時間を積み重ねることで育まれている気がします。

子どもにとっての楽器——それがとても大切なファクターであると再認識できた今月のお話でした。

韓国でけやき組の子どもたちが踊ってきた

10月2日に韓国に行ってきました。

目的はキム先生の大統領賞の受賞のお祝いと、韓日文化交流の舞台公演に出演するためです。キム先生のフルネームは金玉星《キムオクソン》です。韓国の芸術学校を出た舞踊家です。私の舞踊の先生で、子どもたちに指導してくれてます。

今回こちらから行った子どもたちはアイちゃんとけやき組の21名です。

親御さんにはできるだけ見てもらいたかったから、親御さんと、職員は研修ということで全員、保育園は休園にして出かけました。

「いなほ」にはお休みとか職員旅行というのがないですけど、どうしても生《なま》で舞台を見ないと感動はわからないと思って、今度ばかりは決心して研修のために休園にしたんです。子どもがものすごく真剣に生きるときはどういう顔をしているか、見てもらいたいと思ってね。

キム先生と子どもたちが踊る会場はソウル市内の国立国楽院という、国立劇場なんです。会場のキャパは500〜600人ぐらい。

キム先生がハンバッ国立国学院コンクールで大統領賞を受賞したお祝いの公演なので、国宝級の先生方がお招きされてて、前のほうにいらっしゃるんです。

演目は、その日は13ぐらい。

最初が「いなほ」の子の韓国の歌で、真ん中で「いなほ」の女の子がきれいな踊りを踊って、最後に「いなほ」の男子と女子と2人の見せ場で幕閉じなの。一番の見所はカズヤとシュンちゃんが大見得を切るの。

和子さんはその間に踊っているわけ。

13演目のうち、3つは子どもで、私1人のソロがあって、私と3人の保育者でやったのが1つあるでしょう。それでキム先生が3つかな。その間にあと5人ぐらい入っていますね。

「いなほ」の子どもたちは大事な役目だったんです。

結果的には、その公演後に、キム先生が韓国の伝統を非常に大事にしている人だということで、新聞社から〝あなたを国の誇りとする〟といった意味合いの賞、国のために働いてくれている人という賞をいただいたんです。そんなわけで、私たちのしたことも少しは良かったのかなと思ってます。

帽子に長い飾りをつけて回すカズヤたちのサンモを見て、その日客演で来ていた歌舞団の団長さんが「ものすごく難しいのをここまでやっているから、びっくりした」と言って、感動して私たちのところに来てくださいました。

日本の子どもなのにこんなに難しいのをちゃんと伝授されてやっているから、向こうの方もやっぱり見方が変わったんですね。だから、キム先生もそういう誉れある賞をいただいたと思うんですよ。もっとも難しい伝統的なものをちゃんと日本の子どもたちに伝授している、そしてそれをちゃんと子どもたちがやれているという、ね。

今回は恐るべきスケジュールだったんですよ。

10月2日に行って、3日が舞台だったから、練習が始められたのが2日の夜9時半だったんです。子どもたちは朝の7時ぐらいに支度してそれぞれのうちを出てますから、夜9時半じゃ疲れであした踊れなくなると困るので「少しにしてください」とお願いしたんです。

だから、ほとんどリハーサルもできないで本番でした。本番の日も、かぶる帽子はなかなか来ないうえに、お化粧するだけで精一杯だったんですよ。これは私がいけなかったんですけど、その日買った足袋を履いたから、滑っちゃってね。あとでしまったと思いましたね。

男の子が2人、出だしにステンとなったけど、さっと立ち上がって、あとは1回も滑らずに踊ったけど、あれは大変だったわ。

こんなだったから、さすがのカズヤが前の日の夜、「あしたはできないかもしれない」と弱気なことを言うんです。そんなことは絶対言う子じゃないんだけど、リハーサルができなかったからね。練習する部屋の天井が低かったので、サンモのちゃんとした練習ができなかったんですよ。あの子にしてみると、毎日、少しずつ連続してきたことが、当日につながるという計算があったわけね。

それがその部屋に入ったとたんに、「和子、天井が低い。これじゃできない」と。

日本で練習していたときも足がアザだらけだったくらいもう懸命に努力して練習に励んでいたんですよ。本番は大人の帽子でやるわけです。頭を回すのでも右、左、右、左、右、右、右、今度は左、左、左と、だんだんエスカレートしていくし、帽子はそのときまで1回もかぶっていない。かぶったのがほんと本番の直前なんです。

シュンちゃんのほうは帽子が頭にフィットしたんですけど、カズヤはやっぱりちょっとすき間があいちゃったんです。だから、踊っているととれちゃうんですよ。

私は「とれちゃいそうになったら手で押さえていいから、押さえてやりなさい」と言いました。だけど、本番では、意地があるから一瞬だけちょっと手をやったきり、あとはそのままやり切ったんです。すごいことです。ぶっつけ本番とはまさにこのこと！

あれは庭芸というんですよ。農閑期にやるすごく激しい踊りなんです。今はどこでもやってますが。

それだけの激しい、難しいものをやらないとお客様から喝采が来ないんです。

キム先生はどうしてもそれをやらせたいと、この2人の男子にやらせたのですが、結果的にはやり切れたから、すごくよかったんですよ……。

韓国の幼稚園

公演が終わったら、向こうの幼稚園の先生たちが来て「あした幼稚園に来てください」と言うんです。でも、子どもたちや親と渓谷へ行く日だから行けないんですが、悪いと思って、「わかりました」と言ったから、行くのを本当にお待ちになっていたみたいです。「つき合いはしてください」とキム先生に言われて、最終日の5日に寄ったんです。

向こうは遠足で子どもたちはいなかったんだけど、中を見せてくれたんです。小ぎれいになっているけど、窓がない。オンドルを使うせいですね。

きれいな旗がズラッと飾ってあるんですよ。私たちの歓迎のために、韓国の旗、日本の旗というのがきれいに一つおきに、ズラッとやってある。

どこもかしこもきれいで幼稚園の階段も、上るのと下りるのと足跡が全部階段に書いてあるわけ。下りるときは、下りる足跡が全部書いてあるんですよ。

先生の一人が、「私はここの幼稚園の英語教師です。英語をやるときは、このお部屋でやるから見てください」とうれしそうに言われるわけ。悪気はないんですけど、私は少々胸が詰まる思いがしましたね。

「いなほ」は園全体が〝破れお堂〟だって言われたけど、韓国でも日本でもどこの幼稚園に行っても、〝破れお堂〟なんかじゃないんですね。私には考えられないんですよ。子どもが動いてたら絶対、きれいなままなんてあり得ないんですよ。子どもが子どものしたいことをしていたら、きれいなままなんてないんですよ。私たちだってほんとうは、きちんとしていたいですよ。でも〝破れお堂〟でないと、どろんこになって暴れられないんですよ。

真っ白できれいなところだったら、子どもたちだってためらいますよ。

「いなほ」はプログラムもない、〝お堂〟もちゃんとしてないから、そうでない〝立派〟なところとはうまく話が通じないんですよ。だから、誤解を招くぐらいなら、周りに話をしないでおこうと思って、話はしなくなっちゃうんですよ。

韓国の人には、けやき組のことを、いなほ保育園を卒園したフリースクールの子どもたちだと説明しました。あの国にはフリースクールという概念はないらしく、私立学校だと思っているんです。そういうニュアンスで言っておいたんです。

少数民族の舞楽

「いなほ」はアイヌ、沖縄、琉球とか韓国の踊りとか音楽を取り入れるのが多いですね。これを親御さんたちはどう理解しているんですかって、よく聞かれるんですけど、大分なじんできたと思っているんです。

確かに韓国、朝鮮というと、どうしてもおばあちゃまたちの世代に少し抵抗がありますが、でも、だんだん変わっていくわけです。それというのは、韓国の歌を歌ったり、踊ったり、お話を演じたりするときのはつらつとしたわが孫、わが子の姿が素敵だから、そのことを愛するようになってくるのです。

だけど、それは私たちにしてみれば当然のことです。どちらが先かといったら、そちらの国々のほうが先なんですから。韓国や朝鮮はルーツをたどっていけば私たちの祖先になるわけです。

私たちの暮らしぶりというのは、朝鮮半島から伝わってきているものが圧倒的に多いし、言葉もそうです。格言なんてほとんどそうですよね。朝鮮半島のもそうですけど、もっとたどっていけば、モンゴルのほうまでにも伸びて行きますよ。

蒙古斑なんかは私たちもあるわけですし、顔も似ていると言われるし、共通のものはいっぱいあります。

私は感覚でこうしたところに本物があると感ずるんですよ。

それと、どこかに、太古から眠っているものを呼び寄せるものがあるんです。やっぱり最初は自分の感覚ですよね。

親たちは、初めて「いなほ」の卒園式を見に来て、なぜアイヌの踊りだったり琉球の踊り、韓国の踊りだったりするんだろうと、まず思いますよ。

でも、あまりにも子どもの顔が素敵でやるから、それはあまり言わないです。ただ、何人か質問される方がありましたけど、子どものあの勢いに感激しちゃって、反対に好きになっていってしまうほうが圧倒的です。

韓国、アイヌ、沖縄それぞれの民族に本来、歌舞を求めた人間の本質が……歌も踊りも生きるというエネルギーであり、労働しながら美を求めてきた種類のものがあるんです。

こういう素敵なものがあるというのを知ってもらいたいというのは2番目で、結局はそこに魅力があるから、私がそこにのめり込んでいくんです。のめり込んでいくと、自分にその気配が乗り移るでしょう。子どもはその人が夢中でやっていることは好きになるんですよ。その人がイミテーションでやっていれば、子どもは——そう育っていない子だったら何でもいいのかもしれないけど、ちゃんと自分たちも感性を持って、五感がしっかり働きながらいる子は、嗅ぎ分けます。やっぱりそこの嗅覚《きゅうかく》がすごいんです。

ある意味でいうと、「いなほ」の基本は、私がのめり込んでいるかどうかということが一つで、それをありのままに見せているんです。

本当にすべてがそうだと思います。

ですから、字を教えるとかということ以前に、踊ったり、物語に感激したり、全身で音楽を表現できるかどうかが基本なんです。極端な言い方をすれば、「いなほ」は芸術学校であればいいんじゃないかなというぐらいです。

見せるための芸術じゃなくて、生きること自体が芸術だと。その喜びをどう表したいかということからするものはいいけれども、そうじゃなくて、どう見せたらきれいに見えて、どう見せたらこれがトップの商品になるかということとは、ずれている。そういうのは全然関係ないですよ。

自分が楽しいということを表に出す方法は、リズムだったり音楽だったり、絵を描くことだったり、体を使うことだと思っていますから。

頭だけじゃなくて、体と頭を使う。子どもたちはまだ小さいですから、その頭の部分も、物事を考えるとかいうのじゃなくて、感じ取るということがまず第一の基本なわけですよ。

よその保育園とか幼稚園は、年長になると字とか算数を勉強してます。日本では80％はそうでしょう。それに英語が入ってます。

幼稚園は今、英語はほとんど全部やっています。もちろん韓国もそうでした。

けれども「いなほ」はやっぱり子どもたちに生活を知ってもらいたいというのを一番大事にしていますね。

それは、例えば食べたり遊んだりもですけど、自分たちの家族、周り、あらゆるものの1日が朝から夜までどうやって動いていくか。

理屈っぽく言うと、子どもたちは、何歳で立って、何歳で歩いて、何歳で走って、何歳で飛び越えができて、何歳で感覚のバランスがとれて、とか学問の世界ではやりますけどね。でも、モンゴルに行ったら、5、6歳から当たり前にウマに乗るんですよ。当然、体がそういうふうになっていくわけです。だから、そんなことは小さいときからまず必定で、赤ちゃんを抱っこするとか、動物を柵に入れるということを、全部ままごとでやって、幼児期にままごとでやっていることが、5歳ぐらいから家族の手伝いになります。そういうことで運動機能をみんな使うわけです。

親は最大限に子どものそれを使わせるわけです。

それがちゃんと四肢を発達させて、頭も発達させて、視力も発達させていきます。そうすると、本当に6歳でウマに乗り、今度は放牧の、草原のほうへ行く見習いになって、10歳ぐらいになったらもう草原の兄ちゃんで、親がいなくても、その後の準備をしていくわけですよね。そうやって、五感もしっかり、どんどん大人になっていけるだけの準備ができていく。

だから、生活を知っていれば、私は勉強はできると思うんです。

だって、ヒツジは何百匹と数えなきゃならないわけです。そんなことは理屈じゃなくて、お前はしっかり見ていないのかということになるわけですし、仕事をやっているから、そのとおりやっていれば自然に100を数えることなんてできます。だから、私は、算数の教え方なんかも文字でやっていくより、対物でどんどんやっていけば、と思ってます。一番わかりやすいのはお金かな？

私は「算数をやりなさい」とは無理には言わないんです。

「あなたたち、お釣りを少ししかもらえなくてもにこにこしていたら、えらいことになるよ。別にそれでよければ算数はやらなくてもいいから」と。星の好きな子は「天文学者になりたいの。じゃあ、どうしても光の速さだとか時間は計算しないとだめだから、計算だけはわかっておいたほうがいいと思うよ」と言うんです。

その子と本当に話すときは、それだけは本気で私は言えるんです。だから、そうじゃないことをやっていくと、どうしても抵抗を感じちゃうんです。

でもとにかく、けやき組で1年から6年までを見なきゃならないから、そのときの発想や着眼点からやっていっても、こちらは大変なわけです。

1、2年生が足し算、引き算、3年生が掛け算なんだけど、どうしてもまだ掛け算には興味がいかない。だけど「とにかく、お姉ちゃんたち、面倒見ていてあげてちょうだい」と言ったら、ずっと下の子を遊びながら、でもしっかり掛け算をみてやっているんですよね。

それも強制でも何でもない。

楽しみながら、絵も描きながら、ちゃんと算数もやってる。昔の子どもはそうやって覚えていったと思うんです。

1年生からけやき組に来た子はそういうやり方でずっとやっている、本当に教師なしでやってます。上の子はいつの間にかわかってくるんですよ。だから、慌てなくてもいいんです。「いなほ」の説明をしても伝わらないかなと思うから、モンゴルを例にしたらわかりやすいかなと思って話したんですけど、言ってみれば、「いなほ」に生活がなかったら、こういう保育をしても、放任に近いものになっちゃうと思います。

子ども同士は、出席をとらないでも、誰が休んでいるかわかるんです。私も出席をとらないんです。誰がいないかというほうが先にわかるんです。

その後「何々組さんは何人だね」ということで覚えていきますから、そうやって本当に実際の数量を覚える。

「いなほ」で一番重要な位置に置かれているのが、ピアノとピアノの奏でる音楽が育てるもの。モンゴルではそういうのがないから、自分たちで歌舞を作ったんだと思うんです。楽器がないから、手をたたき、石をたたき、竹をたたき。どうしても人間は歌舞を求めるんですね。

もっと基本的な土台はやっぱり私は日本の四季感だと思います。日本のこの四季感が子どもをものすごくドラマチックにしているんです。そのときの風のそよぎの音。葉の散る音、踏む音、それから新芽を出したころと芽吹きがバッと始まって、そして、新緑になるまでの全部、音色があるわけですよ。音色があって、においがあって、そしてそこに情景の動きがあるわけです。

においと音と、こういうものって全部言葉にならないんですよね。

子どもはそういうことを言葉では言わないです。言わないけれども、その一つ一つを全部丁寧に感じている。それは私たちがそうやって生きているから。だから、何も要《い》らないんです。

ピアノの話

私は別にピアノに固執《こしつ》はしてないんですよ。むしろ、日本人だから尺八とかお琴とか三味線とか笛とか、そういうのもあっていいと思っているし、できればやりたいなとは思っています。オルガンでもいいです。だけど、ピアノは音域が広いですよね。オルガンは音域が狭いです。それから、音が長く伸びていくのはいいんだけど、時代がもうこうなってきているから、やっぱり歯切れよくとか、速《すみ》やかにとか、少しゆっくりとかいろいろ変化させるには、ピアノだったらできるし、やっぱり、音が子どもたちに入りやすいんじゃないかなというのはあります。

何といっても、あれだけ表現力のある楽器はないですから。音域をあれだけ持っていますから。私がそんなに十分には弾けなくても、よく弾ける方はもっと音域を持って聞かせてあげることができる。非常に気持ちを乗せやすい楽器ですものね。

それと、音をピッて出してもらうと、声が高くなっていけるんです。オルガンだとブーッと鳴っていくものだから、そういうふうに弾けないから、流れてしまうでしょ。

例えば、「フローイデーシェーネル」と言うときだって、「フロ～イデ～シェ～ネル」とやるより、きっといいと思うんです。子どもが小さければ小さいほど、音域を広く出せるんですね。きいきい声は子どもって出るんですよ、かん高いから。だけど、そうじゃなくて、音楽の音で、ちゃんときれいな音をもらえば、子どもは出していくんだというのがわかったんです。だから、これはもう絶対にピアノを備えるべきだというので、大改革をしたんです。

私は公立の保育園にいたころに、一生懸命にお願いして、一番に、ピアノを入れてもらったんです。それから、どこの保育園もだんだんと「やっぱりピアノのほうがいいわ」っていうことで、どの保育園もピアノに取りかえていったんです。それは公立のときです。

私の家は裕福じゃなかったです。子どもが5人だから7人家族で、父親が大学教師なんていったって薄給なんですよ。だから、ピアノを置いたりとかはできなかったですね。ただ、私の父はバイオリンを弾いたり、マンドリンを弾いたり、尺八吹いたり、音楽は好きだったんでしょうね。あのころ、ピアノがある家なんていったらよっぽどの家でした。私はピアノにしてもお琴にしても、何にしても、楽器が庶民の誰もがいじれるというのがいいなと子ども心に思ってました。だから、ここの子どもたちにはそうさせたいと思って、ピアノもいつでも蓋《ふた》をあけてあります。いつでも誰でもさわれるようにしているんです。

ピアノにしても私は恋い焦がれてたんだと思うんです。ああいうものをやりたい、やりたいって。バレエもすごくやりたかったんですけど、だめって母に言われて。とても、そんなお金はないですから。1人が習い事をしたら、兄弟姉妹5人平等にしなきゃならないし。

時代がすすんで、どんどんエスカレートして、ピアノをやって、バレエをやってというのは普通になりましたが、昔はもう、本当に裕福でないとできなかったですね。

ピアノのある子の家の前に行くと、みんなため息をつくんです。「トロイメライ」とか「トルコ行進曲」とか、「エリーゼのために」とか聞こえてくるのよね。そうすると、いいなって。だから、いい意味では、今のように普及するようになってさわれるようになったけど、よくない意味では、見せるための行いだけになってしまってないかと思います。本当に自分が楽しむ音楽じゃなくなってしまってるとこがありますね。

西洋かぶれじゃないけど、猫も杓子《しゃくし》もソレッとなってね。でも、それはそれでいいんですよ。だれでもモーツァルトは好きだから。それにふれられるんですから。

だけど、やっぱり、古来からあったものの中には、どうしても生まれざるを得なかった人間の雄たけびがあり、舞があるんです。古典にはそういうものがあるでしょ。日本の舞踊だってあんまり華やかな、華美にしなければ、そういうものはあると思います。

このごろ、いろいろなところの素敵なものを見ると、いわゆる貴族が踊るような、きれいな見せるものに変わっているような気がして心配ですね。

「いなほ」の夏のお祭りのときに鈴を持って子どもたちが飛び跳ねてたでしょ。あれもまず、鈴をどのように鳴らしたかったか。どう、自分たちが躍動したかったのかと考えると、たった3パターンでいいから、人間のしぶきがヒュッと出ていくような思いでやったんです。

佐渡おけさの踊りもあまたあるけれども、夏祭りに踊ったあれだけがすごく好きだし、鹿踊りもそうですね。アイヌの踊りもそうです。

気をつけなければ、全然違う、嫌らしい言い方をすれば観光流になっちゃったり、うんと褒《ほ》め讃《たた》えられるものになりやすいんです。けれども、子どもに渡すときは、プロのようにいかなくても、一番大事な、本来、その踊りがもっている鳥になりたかった、恋い焦がれてそうした――みたいなそういうものが流れていくようにすればいいんじゃないかなと思うんです。それが一番の原点、保育の本質とつながっているんです。

私は10月8日にモンゴルのオルティンドーと踊りを見に行ったんです。オルティンドーというのは、日本の民謡と似ていると言われるんだけれども、頭の天辺から突き抜けてくるような音で、ア～イ～ヤヤ～ッとずっとやっているわけです。ところがあんな素敵なのが絶えちゃって、今ふうになっちゃっているんですよ、踊りもそうです。

「どうでした?」と言われたから、「私はああいうのはあんまり好きではありません。もっと素朴な、ずっとモンゴルにあった、そういう踊りや歌のほうが好きです」と言いました。どこかモンゴルのメロディーではあるんだけど、今ふうでやっちゃうと、草原が浮かんでこないんですよ。浮かんでくるのは、そこら辺でおいしいものを食べて、若者が夜騒いでいる、そんな風景です。

だけど、あの突き抜けるはるか向こうまで届く音というのは、まさに草原というのが浮かんでくるんです。

本質を失ったらだめだと思いますね。それを子どもたちに理屈じゃなく感覚でくみ取れるようにしてあげたいんです。そのためにさまざまやってみてるんです。

運動会は10月28日です。うちは運動会でも何でもプログラムってないんです。毎日が運動会みたいなものだからね。そしたら青木村での様子をお話ししたミミズ捕りのマシュウちゃん（編注／「夏の子どもたち」の章参照）が何かの弾みに「プログラムって何？」って言ったの。言われた私も、改めてハッとして、「そうね、あなたたちはリハーサルして、またやり直してとか、そういうことないからね」って。いつも、私も、その1回を全部真剣勝負で、時間は二度と戻らないから、その時間を精一杯にやっているから、「そうだな」と思ってね。

この子たちは、まさにこうやって生きているんだと思いました。でも、これは「いなほ」でしか通じないと思いますよ。世間では、バカじゃないかなと思われるかもしれないけど、「いなほ」の子はこんなに純粋に生きているんだなと思って、私は深くマシュウちゃんの言葉に打たれましたね。

次回は運動会の話ですね。

12

プログラムのない運動会

（11月）

いなほ保育園の運動会を、見せていただきました。

見せていただくだけでなく、お客の部で、競走にも参加しました。

子どもたちがみんな裸足で走っていたので、「よし！」とばかりに、裸足で走ってみました。前日の台風で水を一杯含んだ園庭の土はひんやりと冷たく、気をつけないとすべります。「くろやま」を駆け上がり、そこから「しろやま」にころがっているみかんをとり、ゴールへ駆け返るのですが、凹凸のせいで足元は思いのほか走りにくく、普通の運動会のように、白いラインが敷かれているわけでもないので、一緒に走る人と交錯しないようにするには、運動神経がいると実感しました。

子どもたちは、その距離をこの日1日だけで、何度走ったでしょう。

いろいろな競技の中で走るのですが、多分10回は走っていると思います。すごい運動量です。でも、みんな、それはそれは楽しそうに何度も走っていました。

年齢の大きい子が走ると、歩けない年齢の子どもも、心が浮き立つのだと思います。ハイハイで参加しようとします。洋服はどろだらけですが、なんともかわいらしく、ある意味では大地とじかに遊んでいるように見えるぜいたくな光景でした。

午後の部のモンゴルを舞台にした野外劇「スーホの白い馬」では、木で作った弓と矢で、職員が持つ的《まと》にむかってびゅんびゅんと矢が射られ、それが全員当たるまで競技が続けられるので、みんな必死に射ます。本当に、モンゴルの子どもたちがナーダムと呼ばれる祭りを繰り広げているように見えました。

親御さんたちは、こうした光景を、一心不乱に見ています。写真を撮る人はいません。多分、撮っている暇があったら、子どもたちの姿をしっかり見てほしいという北原先生の方針によるものでしょう。

台風一過、きらきらした秋の日差しをあび、まだあまり寒くならない1日を、思い切り運動で過ごした「いなほ」の子どもたち。きっとまた忘れられない記憶としてこの1日が体にしみていくのだと思いました。

運動会前日に台風直撃

やっぱり秋というのはそういう時期なんですよ。子どもたちが人間として実りあふれるように、驚くように身が締まってくるときなんですね。木の実で言えば「栗の実がなってね」という表現かもしれないけれども、人間の場合には実りが全部違うから。実りというのは、それぞれの子が成長する中で獲得したものですから、1年の中での秋というのは、もう感動させられてしまうことばっかりで、こういうときは保育っていい仕事だなと思いますね。

農家なら一番いいお米が、このやり方でとれるかどうか考えるでしょうが、私たちの場合には、子どもがどういうふうに伸びて育ってきて、この後どうまた育っていくか考えるということです。

今年は10月28日が運動会でした。秋は運動能力が伸びるときです。それで秋に運動会をやるんです。今は受験のために春にさっさと終わらせてしまって。運動機能なんて重視していないんです。だけど、私はそうじゃないと思うんですね。春では、まだ子どもの能力はわからないですよ。

春、夏を越えて、実りの収穫物と同じで、人間もできていくわけですから。

例年、10月の3週目の日曜日にやるんです。なぜかというと、雨天のときには1週間後の日曜日に延ばしますでしょ。次の日というわけにはいかないんです。そうじゃないとファミリーで見に来られないから。

私たちは、運動会ではお客様よりファミリーが大事なんです。おじいちゃん、おばあちゃん、お父さん、お母さん、みんな来てもらいたいので、「いなほ」は日曜日に運動会をやるんです。認可園の場合には、日曜日という保育日は行政上はないですから、せいぜい土曜でないとだめなんですね。

それに今年はものすごく暑かったから、プールを夏の終わりのぎりぎりまで園庭に置いてあったんです。うちは運動会はプールを解体しないとできないし、解体した後も地面のぬるぬるが乾くのを待たないといけないから、例年より少し後ろに時期をずらしました。

通常は日曜日に保育をすると、次の日を代休にするんですけれども、それでは親御さんが気の毒だから運動会の次の日の月曜日は休まないんです。職員は大変ですけど、大変なことは保育園が背負うんです。

1週間前に親たちが来て、まずプールを解体して、運動会の準備を始めます。ここの運動会の準備は、ただ地面を乾かすだけでいいんです。地面さえ濡れていなければあとは何も準備がいらないし、それだけでいいんです。

何しろおじいちゃん、おばあちゃんがいっぱい来るんですよ。来てくれたおじいちゃんとかおばあちゃんもみんな走っちゃうんですから、乾いた地面にしておかないとね。

今年は前日に台風が来ていたんです。真っすぐ関東に来たんです。ものすごい大雨でしたよ。ですから私はずっと天気予報を聞いていて、運動会をやると決めたのは、28日に入って夜中の2時です。月が出たから決行にしようと。

それで、2時に職員に「やるわよ」って伝えたんです。午前2時です。職員はまだ働いていたから。2時でも行事のときは準備のためにみんな園にいますから。

プログラムのない運動会

なぜそんな時間までかかるかといったら、うちの運動会はプログラムなんてないし、種目も決まってないんです。決まっていたら、早くから準備万端《ばんたん》整うんですよ。だけど、運動会の前の日の子どもを見て何をするかを決めるから、そこからすべての準備をしなければならないです。だから、いつも行事の前の晩は一番忙しいですね。

多分、画家の人でもそうだと思いますよ。昨日まであの陰影ができなかったけれども、今日やったら、もっとリンゴを美しく描けると思ったら、前のものを描き直すと思うんですよ。私たちも同じなんです。ぜいたくな言い方をすれば、子どもは芸術作品だから。

ですから私たちも前もっては無理なんです。集中力も違うし。

どんな運動会にするか自分たちも決めていかなきゃいけないでしょ。

例えば、50センチ飛び越えればよかったハードルを70センチに上げるということになれば、職員だって70センチを跳ばなければならないわけです。そうしたら、それだけのエネルギーをキープして、自分の体力だって準備をしなければならないわけですよ。体力そのものだってそういうことに始まるんです。まず自分の体力ですよ。運動ですから。それで、やっぱり芸術的であることが大事ですから、どういうふうなことをするか、どうやったら豊かになるかということを考えて決めるわけです。本当に作物と同じですよね。実りを最高のものにしたいんです。午前2時に「あしたの運動会は1時間半遅れで始めますから、そのつもりで来てください」と職員に伝えて、それを親たちやお客さんに連絡してもらいます。最初は、9時からだったんです。それが10時半になった。

子どもの服装は運動会だからといって決まりはないんです。自分で運動会はこうがいいなと決めたらそれでいいんです。いつもと同じなんです。

「いなほ」はいつも運動会をやっているようなものですからね。

何をやるかですが、私も30年もやっていて、どうしてこうやって面白いものを思いついちゃうんだろうと思うぐらいなんです(笑)。それはやっぱり毎日子どもを見ているから考えつくんだと思いますね。

木をいじる人だったら、毎日見てこそ今この木にとって何をしたら良いかがわかりますでしょ。それと同じように、子どもを見たら、今日だったらこのくらいのジャンプができるな、今日だったらジャンプじゃなくて飛び下りができるなとわかるんです。

私が子どもたちの中でいえば、餓鬼大将のポジションをとるから、子どもたちより一歩上のことを必ず出すわけです。それに子どもたちが挑戦するんです。子どもたちの中から〝引き出し〟をやるから、楽しいんですよ。ぎりぎりいっぱいのちょっと上をやるんです。下なんて一つもないです。上しかないの。だって、子どもは成長するのみだから。

世間の運動会とか学芸会というのは、多分そこまでの結果の発表をするもんだと思ってるんじゃないかしら。けれども、ここの場合は、その運動会や学芸会で一気にもう一つ超えたいということがあるんですね。

毎日、1分前のことを超えたいんです。子どもというのはそうやって成長しているから。そこがちゃんと見えるか見えないかで、同じ保育をやっても違ってくるかもしれないですね。

昨日10センチ、じゃあ、今日は12センチ、次は15センチと。でも子どもは一人ずつ全部違うから、その一人ずつ違う中で全員が満足して、全員がアップするものを子どもから引き出していくのは大変です。でも、それはふだんの保育の延長ですし、とにかく自分でも面白いんです。だから、運動会で何をやるかなんて誰も知らないし、子どもだってわからないけれども、誰も文句は言わない。そういうものだから。

10時半に集まってくると、もう子どもたちがそこらでピョンピョンはねているわけです。最初から裸足です。先生たちも今日何が始まるのかがわからないんですよ。

私が拡声器でしゃべりはじめたら、職員同士が「和子さんの言うことよく聞いて、それに従って」と言い合っている。みんな何が始まるかわからないから(笑)。

ここは大人も子どももそういう育ち方をしているから、さて、どういうふうにこれからなっていくのかな、どうやってでき上がっていくのかな、何がどうできていくかをみんな興味津々で待っているんです。それがもう運動会の始まりなんです。どうやってでき上がっていくのか、でき上がってきたら、大筋がどう展開して、どう終わっていくか、みんなそう思って参加しているんです。だから、来たときから始まっているんですよ。園児だけじゃなく、大人もお客さんも。今から始まりですよ――じゃなくて、全員来たところからもう始まっているんです。

普通は、今日は運動会となったら、9時からラジオ体操が始まってと、みんなそういう計画に従うわけだけれども、ここはすべてがそうじゃないです。

お百姓さんなら、うちを出て畑に行ったら、まず畑に行った様子で、天気や水や土の具合、作物のなり加減など、いろいろな中で自分の作業やすることを決めて、それをやっていると思うんですよ。私も同じなんですね。私は畑を耕すのではなくて、子どもを育てるんです。

子どもを育てていくのに、朝ここへ一歩入ったときから全部の加減を見るのはお百姓さんと同じ。今日は天気がいいからとか、風はどっち向きの風とか、そういうのをずっと考えながら始めるわけですよ。

例えば、スタートの場所にしたって、風向きがこうならこうしたほうがいいなとか、「大うんどう会」と描いたアーチでも、ここの場所にこうやるより、こっちの場所にこうやったほうが映《は》えるなとか。

人間は、追い風のところで見れば穏やかに見られるけれども、向かい風を受けながら必死でものを見るというのは大変で、きついですよね。だから、そういうことを、すべて見て考えて、その場で決めていくんです。

どうしたら子どもが花開くか

子どもたちが描いたいろいろな絵があります。モンゴルの絵なんだけれども、それを運動会に飾りましょうと思ったんです。それをどこに掛けたらいいのか、ここにつるして欲しい、そう思ったらお父さんたちに手伝ってもらってやってもらうんです。まずはそれをどこにどういうふうにするかなんです。

9時ぐらいからそれを始めるんだけれども、天気やいろいろなことから、どこが一番子どもたちの絵が美しく映えるか探すんです。それをあらかじめ設定して準備しておいてやってしまえば、簡単に全部終わるんですよ。だけど、それではそれ以上にはならないんですよ。私はそれでは納得ができないから、どんなに前もって作ってあってもまた変えてしまうんです。惜しげもなく。だって、たった1枚の絵でもそれが一番よく生きていくほうがいいから。せっかくやってあっても、やった人がブツブツ言っていたって構やしないんですよ。

結局、ホールの前に一番大きい「大うんどう会」と書いてある看板をアーチのように飾って、その横に子どもたちのモンゴルで女の子たちが踊っている絵を飾ったんです。

2、3日前に、私はどうもこの子たちは『スーホの白い馬』(大塚勇三再話　赤羽末吉画　福音館)をやりたいんだなと思ったんですよ。保育園の行事は最高学齢の年長さんを見て決めていくんですね。

今年の年長さんには、「スーホの白い馬」のモンゴルをやりたいんだなというのがあって、運動会の2、3日前に今年はこれをやろうと決まったんですよ。これをやるのはかなり難しいけど、今はこれで動いたら子どもがすごく成長を遂《と》げるかもしれないと思ってね。

だけど、こういうことでも突然思いついては、できないんですよ。今までの財産がいっぱい手の内にあるからできるんです。私たち職員がモンゴルには何回も行っているし、何年も積み重ねているものもあるし、子どもたちも日本でモンゴルの音楽を聴き、踊りを見てきたし、いろいろやってきたこともあるから、今だったらこれを煮詰めることができるという確信みたいなものがあってできるんです。

それで運動会には「スーホの白い馬」を一挙にやってしまおうと決めたから、午後の第2部は「スーホの白い馬」の野外劇です。

野外劇だけど、非常にスポーティーにやりたかったんです。モンゴルではナーダム(編注／モンゴルの祭りのこと。競馬、弓、踊り、相撲などがその中で披露される)というのはそうですから。そのためにはどうしたらいいか。

ナーダムをやるにはあれもしたいし、アーチをこうやって作りたいとか、いくら考えても結論は出ないんですよ。自分の中で子どもたちと完全にピタッとこなかったんです。

あの子たちはモンゴルの絵を描くにしても、思うものがあっただろうから、その心を引き出してあげなければならないでしょ。それが自分ではまだ引き出せていないという気持ちがあるから、私は落ち着けなかったんです。うちへ帰っても。おふろへ入っても何をしても眠れないんですよ。

子どもたちが飛躍を遂《と》げたい、心に湧《わ》き上がるもので引き出されたがっているものは何なんだろうと。それが当日の朝になってもピタッとこなくて。ずっと悩んでいたんです。

運動会の第1部

園の入り口のところを飾るやり方で、私が自分で「大うんどう会」という文字を書いたアーチを組んでみたけれども、これは違うなあと思ったんですね。あの子たちが引き出してもらいたいと思うことではないなと、それでまた「だめ」と言って、また園の中に戻って庭のほうに来て、こう置くのにしようかなと思ってやってみたけど、それもだめ、やっぱり違う。来た親がみんな、いつ和子さんは決めるかなと思いながら待機している。だから、もうそこから始まっているんですよ。みんな真剣なんですよ。そこに緊迫感がありますから。

私は旗が好きなんですね。

戦闘をやるときは世界各国どこも、旗ですよね。ナポレオンだって、ジャンヌ・ダルクだって、十字軍だって、旗を押し立ててますよ。それはシンボルだからですよ。

だけど、旗は決まりきってこうでなくてはいけないというのは、私にはないんですね。旗は自分のシンボルだから、自分にシンボルがあるかどうかということです。だから、子どもたちの絵を見たときに私は、これは子どもたちの心のシンボルなんだと子どもの絵から教わったわけです。

そうすると、自分の今までのいろいろな発想は切られていくわけです。今子どもが発想して出していることが最大限の今のシンボルになる。だから、それを中途半端のままで出していったら、それは子どもたちは一番嫌うことです。だから、そうじゃない、そうじゃないというのが私の中にある以上は、ぎりぎりまで「ああでもない、こうでもない」と考えるんです。私の中でピタッとくるまで。もうどんなに間に合わなくても、前にやったものは全部捨てちゃうんです。でも、しょうがないんです。子どもに私が試されているわけだから。「本当の私を見てくれている?」と。

そういう気持ちでいたら、運動会の朝、準備が整っていなくても、誰も子どもは文句を言わないんですよ。人に見せるためにやっているんじゃないから。

それは見ていただくのは嬉しいし、見ていただいて、すごくいい眼差しを向けてもらったら最高の喜びです。でも、一番大事なことは、そのことができるかどうかなんですよ。

私がそんなふうにいろいろ迷っているその間に子どもは何をしているかというと、今日の地面の具合を確かめているんですよ。滑らないかとか。ふだんの状態と比べたらどのくらいなのかとか。

遊び回っているようにキャッキャッしているけれども、実はそうじゃないんですよ。どれだけ運動会に向けて自分を集中させようかというので、ね。そういうのは、けやき組の子は年齢が大きいから言葉でしゃべれますよ。あそこら辺の土はこんな具合でどうだ、とか私に言いにくるわけね。他の小さい子たちはそういうことを言わなくて、全部感覚でそれをつかまえているんです。一人一人が走ったり、跳んだりしながら、子どもはそれをやっているわけ。

最終的には、庭のほうから見たらホールのテラスの上の張り出し屋根のところに「大うんどう会」と書いたアーチを飾り、その両横には、「いがぐり」さん(5歳児)、「やまめ」さん(4歳児)の絵が来て、「けやき」の男子の絵をトップメーンのところに飾りました。

木組みの砦《とりで》のようなものを園庭に作り、そのてっぺんの所にモンゴルのナーダムのシンボルになる子どもたちのタカの絵、あとはモンゴル相撲で王者になるともらえるベルトのバックル。それは「けやき」の高学年の3人の子が図案を自分で考えて描いたものですね。

そういう物をどこにどう配するかさまざまやってみて、納得がいったので運動会が始まりましたね。午後からの第2部に「スーホの白い馬」の野外劇をやることは決めていましたが、第1部も世間のいわゆる運動会ではないですよ。

いろいろ準備があって実際に運動会が始まったのが11時過ぎてたかしら。子どもたちは、片足でぴょんぴょんしたり、保育士が走り出すとみんなそれに続いてわーっと走ってね。あれだって全部そのとき突然にやっているんです。

競走だってそうですよ。私が突然、「よーい、ドン」と言うから、それを合図にすぐ走りださなきゃならないし、私ともう一人の職員がゴールテープを持っているんですけど、ゴールも動いちゃうし(笑)。どこかを目指して走ればいいっていうんじゃないんですよ。でこぼこがあって、山があって谷があっての園庭を走る。人生ですよ。クラスごとに全員走りました。赤ちゃん組はお母さんが赤ちゃん抱いて走るんです。

パン取り競走だってありますが、パンが下がった棒を持った父兄が、持ったまま動き回ってるし、園庭の「しろやま」とよばれるこんもりとした土の山にはみかんが転がっていて、それも拾わなきゃならないでしょ。卒園生もお母さんお父さん、おじいちゃんもおばあちゃんもみんな走るんですから。それだってちゃんとそういう人たちがいかにしたら走れるか、参加できるか、それは全部そのときの来たお客様を見て考えていきます。玉入れも保育士が籠《かご》を背負って走ってしまうから、それを追いかけて子どもたちは玉を入れなきゃならないから大変ですよ(笑)。

トンボ、汽車、ウマ、カニ、トンビ、カモシカなどさまざまなものになりきって、子どもたちは、跳び、跳ね、躍動するリズムを繰りひろげます。

ホールの前の階段も直前に広くしたんです。これは私が北原さん(編注/ご主人のこと)に要求を出したんですね。競技もそうですけど、うちは施設も変わるんです。そういうので、全てが見事に展開されていくんです。みんな駆け回ったり走ったりにこにこしながら目を輝かせてね。そこらじゅうが笑顔で、笑い声で。

そこまでが第1部で、12時45分ごろから食事でしたね。

予定より1時間半ほどずれてましたけど、他の所の運動会の何倍もの運動量です。10倍と言っても過言ではないですね。

あの子たちがやった運動量は大変なんですよ。何度も園庭の山を登り、坂を上り……。地面は雨の後でまだ少しぬるぬるですからね、そこを全力で走ったり跳ねたり。ですから輝いてますよ。どの子も……それこそ運動会ですよ。

お昼がまた楽しいんです。

お昼は、皆さんがご家族でお弁当を持ってきてテラスの好きな所で食べるんです。その日は給食がないです。重箱を持ってきて広げる。昔の田舎の運動会ですよ。家族がみんな来てるでしょ。朝来るとお昼のお弁当の場所とりから始まるんですよ。だけど、誰もけんかもしないで、ちゃんと暗黙の了解でね。

お重箱の中は、色とりどりにきれいに入っていて楽しいですよ。

煮物とか、そういうものがいっぱい。隣近所みんなで交換したり、「はい」とあげたりとか、「どう?」と言っていたりとか。

おじいちゃん、おばあちゃんも一緒で。500人の人があの晴れ渡った天気の日に、ご飯を食べてるんですよ。

第2部の始まり

第2部の開幕は2時頃でしたね。ゆっくりご飯を食べてからですね。

第2部の入場のときに女の子には、これが今一番あの子たちが引き出されたいものなんだと思って、正面のアーチ近くに飾ってあった絵をおろして、それを子どもたちがそれぞれもって園庭を練り歩くというふうにしました。けやき組の女の子たちの絵はモンゴルの草原で何人もの女性が踊っている絵。

5歳児の「いがぐり」さんたちが描いたのは草原を走っているウマですよ、それが面白いんですよ。ウマなのに、もうウシだか、ブタだか、イノシシだかわからないの。お母さんたちが、「本当によく見るとブタみたいなんですよね」って。「でもね、お母さん、本当に夢中になって走るときは転げるように走るから、そう見えることだってあるんですよ」と私は言うんです。「だから、それでいいんです」と。本当にブタみたいだけど、どの絵を見ても大変な躍動感がある。「いいんです、ブタに見えても、イノシシに似ていても」とね。

私がうれしかったのは、モンゴルからウリアナさんというコソ(古琴)を弾く人が来てくれたんです。私が頼んでお願いしたんです。第2部の「スーホの白い馬」に一つだけ味付けをするとしたら、その人の音楽が入ったらいいだろうというのでお願いしました。そういうときでも子どものことがわからない人では絶対だめです。フィットできる人でないと、私はどんな名人でも呼ばないんですね。

その人が言ってくれたんですよ。「何だかブタみたいだけれども、和子さん、動いている感じがすごくモンゴルみたい。すごくいいわね」と言ってくださったんです。私も嬉しかったですよ。一人よがりでは間違っていきますからね。

それで、みんなで誇らかにそれらの絵を持って園庭の緑の中をずっと行くわけですよ。「いがぐり」さんたちも嬉しいわけですよ。絵をこう誇らしげに持ってね。その中にユウマちゃんの絵もあった。そしたら、けやき組の子が「お母さん、ユウマの絵を見た?」と聞いたんですって。ユウマちゃんという子は、障害があるけれどものすごく今、貼り絵に夢中なのね。

あの子も私は運動会に、あの子なりのポジションで出したかったんですね。まだ「いなほ」に来て1ヶ月だけど、どんな形になってもいいから、本人がやれるスタイルで参加してと言ったんです。

その子の絵は、折り紙を四角に切ったものを貼り付けていく切り絵なんですけれども、自分も「スーホ」をみんなと一緒にやっているつもりで描いたのを選んであげたんですね。今、最先端で生きている本人の姿を本人はわかっているだろうから、その絵にしたいと思って。それを「いがぐり」さんの絵が並んだ隣に貼ってあげたわけですね。

そうしたら、そんなこと何もいっさい言わないのに、「けやき」の男の子がお母さんに、「ユウマの絵を見た？　本当に見た？」って。お母さんがちゃんと見ていなかったら許せないという気持ちなんですね。そういうことなんです、そういうことがすばらしいんです。見抜けることがすごいことでしょう。人間の心としてのすごいことだから、そういうことをきちんと、私は気づいていなければと思いましたね。

モンゴルふうの衣装をつけて、「いがぐり」と「けやき」と4歳児の「やまめ」さんたちがオープニングで「スーホの白い馬」の序曲を合唱でやって、物語が始まっていくわけですね。その下の年齢の子たちは、それをうらやましそうに見ている。歌を歌いたくて、ね。で、第2部は「スーホの白い馬」の最初から最後までの物語を全部その日にそこでやったんです。

想像が生み出すスーホと白いウマ

話は前後しますけど、この話をしておくと野外劇がどんなに想像力に富んでいたかわかりますから、先にしますね。

運動会が終わってすぐ父母会を開いたんです。

そのとき年長さんの親が運動会の感想を出したんだけれども、お母さんが子どもに、「『スーホの白い馬』をやったのね」って言ったら、「違うよ、お母さん『スーホと白い馬』」だって。自分たちは主人公だからスーホにもなるし、白いウマにもなるし、モンゴルの人々にもなるし、タカにもなるし、あらゆるものをやるわけでしょう。だから、「スーホの白い馬」ではないんですよ。モンゴルの中にスーホもいて、そこで育つ白いウマがいて、モンゴルの人々もいて、自分がその場その場で主人公なんですよ。自分が主体になっているから……。「スーホの白い馬」の野外劇は、「スーホと白い馬」の野外劇になっているの。もう完全に逆転なんですよ。自分たちが主人公になって作っているモンゴルの草原と白いウマなんですよ。

私はもう、この子たちは自分がしゃべりたい言葉を知っていると思ったんですね。国語の人からするとシャットアウトされるかもしれないですよ。原作を傷つけるものではいけませんとか、原作者のこの意味がわからないんですかと。でも、私は違うと思いましたね。なぜかと言うと、劇作家の人もお客様としてお招きしていたんですが、劇団を主宰しているこの方も、「こういうふうな『スーホの白い馬』があるんですね。その場その場で想像力を展開しながらやっていく、それがよかったと思う」と言ってくれました。

「いなほ」では、こうでなければいけないという規格通りに生きていないから、自分たちが想像で展開していくから、想像が想像を生んでどんどん膨らんでいって、一つの自分たちの今日ここにある「スーホと白い馬」なんですね。

発想が発想を生んで、どんどん想像の世界でともに生きるから、自分のいた位置が動いてしまうんですよ。

職員が「スーホ」の物語の中の恐ろしい悪い王様をやったり、スーホはおばあさんと2人で暮らしているんだけれども、そのおばあさんを職員がやったりとか、いろいろ職員が参加するんです。ある瞬間は、成長したスーホはお兄ちゃんの保育士さんがやったりね、クルクル変わるんですよ。そうすると、子どもたちも登場人物が七変化に変わるから、もうわからないわけですよ。物語はわかるんですよ。だけど、そばに行ったら、王様は保育士のカッちゃんだというのがやっとわかった。だけど、本当にみんな王様だと思っている。

スーホと一緒に住んでいたおばあさんは保育士のレイコさんという人が演じました。スーホがヒツジを連れて草原へ行ったきり帰ってこないときに、そのおばあさんが本当に悲しそうな姿で捜しているのを見て、ある子どもはおばあさんのそばに行ったんだそうです。そしたらそれがレイコさんとわかった。で、「本当はレイコか」と言ったそうです。そのくらいみんなその世界に入っている。

一瞬そういうふうに我にかえるけど、でも、もうみんな必死になってやっている。怪我をした白いウマを抱えてきたスーホの場面ではそのスーホの役を集団で、一人ではなくてみんなで、その場面のスーホになりきる。そういう中で、みんなこの情景が全部本物になって子どもたちには映っているわけ。

それはもうすごいことだと思いますよ。年長の「いがぐり」とけやき組の運動会の感想文や、うちへ帰って親にしゃべっているのを聞くと、みんなそういうことなんですね。けやき組の子なんかは、「運動会でこれをやったときに、モンゴルの草原やナーダムが想像できてきた」っていう感想なんです。

それこそが一番私たちの目指しているものなんです。日本人なんだから、モンゴル人と同じことなんか絶対できないですよ。それは韓国舞踊でも同じ。韓国と同じことはできないです。スペインの詩を朗読したって、スペインと同じことは絶対できないです。けれども、そのものを夢見て……やるんです。

これも感想文にあったけれども、とにかく園の庭全部がモンゴルでモンゴルの劇を見ているようだったって。自分たちがやりながらそう言っているんです。

あの日は500人ぐらい集まっているんです。500人を一瞬にして、村人1、通行人1みたいに感じながら、やっているわけですよ。

見ている人も想像力がないと参加できないんですよ。でも子どもたちが見ている人を巻き込んでいくんだとも言えると思いますね。そしてそれをたった一瞬で見てとっている子どもたち。ある瞬間、ここに緊張感と集中力と何かがワーッと生まれる。全員の場になってしまうんですよ。誰一人、落とすものがないんですよ。やっているほうも全体をそういうふうに見るから、見ているほうだってそうなってしまうわけですよ。

台風が過ぎての午後だから、日がだんだん西のほうに傾きながら、秋の日差しがカーッと照りつけて、まるでモンゴルのような照り映えで、それが本当に輝いているんですよ。で、園庭の中心ともいえる水道のあたりに木を組んだ2階建てになった砦のようなものがある。それがシンボルの砦ですよ。モンゴルの象徴のようなバックルの絵が真ん中にあって、その両脇に子どもたちの描いたタカの絵があって、3メートルくらいの竹ざおの先に赤い旗が翻《ひるがえ》っている。その旗が「けやき」の男の子たちのそれぞれの旗なんです。モンゴルのナーダムでは、一番先頭は赤なんですね。だから、「モンゴルというのは先頭を行くのは赤なんだから、先頭しか持てないんだよ」と言うと、小さい旗なんだけれども、もう鼻高々で。

それも急遽《きゅうきょ》、運動会の朝、気がついたんですよ。これをやったら子どもの力が引き出せると。真っ赤な旗が素敵だった。砦に飾ってある自分の描いたそれぞれの絵の下に、立てたんです。だから、自分が描いたタカのところにはその子が旗をもって立っていて、リーダー格のカズヤは一番真ん中のバックルのところに立っているわけね。だから、行進も走るときもそれが先頭です。

年長さんの女の子たちは、ヤギのミルクを搾って入れるときの缶に見たてて作った紙の壺を持って、演じました。年長さんが作ったら、下の子たちもやりたくて、やりたくてね。

さらに男の子たちは砦のあたりから、的《まと》に向けて弓を射る。職員が持つ的に当たるまでやるからみんな真剣です。

もうみんなモンゴルの子そのものですよ。物語に入っちゃってるわけ。モンゴルの赤い旗が立つ砦から天に向かって矢を射たりね。モンゴルの祭り、ナーダムそのものがそこに再現されているふうでしょ。見ているおじいちゃんやおばあちゃんは、モンゴルの祭りを見に来た庶民です。

モンゴルの踊りとしてはお茶碗の踊りをやったんです。モンゴルふうの衣装を「けやき」の女の子たちが着て、頭に茶碗を3個乗せて踊るんです。何も結わえないでお茶碗を1個は頭に乗せることはできるんですけれども、あの日が雨上がりでしょう。足元は悪いし園庭は平らじゃないし、3個も大丈夫かしらと思ったけど、それで踊っちゃうんですよ。

ご飯を食べるお茶碗です。紙なんかじゃなくて本当のお茶碗でなくてはだめなんです。意味がないから。お客が喜ばないし。今回はプラスチックと陶器とを半々にしたんです。もし落としたときに怪我をしてしまうと動けないでしょう。だからしょうがないからそうしたんですけれども、落とさないでみんな3個積んで踊ってましたね。

その踊りも、私が運動会の前に1回踊ったらもう次の日、自分たちで外に出てみんなでやっていたんです。すぐのみこんじゃうんですね。

お箸の踊りも女の子たちと一緒に私もやりました。

もともとは食べる箸そのものだったんでしょうね。モンゴルのお箸は日本のものより長いんですよ。それを手に持って踊るんですよ。モンゴルに行ってよく見てはいるんだけれども、きっかけになったのは、ほんの1週間ぐらい前に先ほど話したモンゴルのコソ(古琴)の演奏をしてくれたウリアナさんが「見に来てくれる?」と声をかけてくれて、呼ばれていった神奈川県・平塚での子どもたちの公演なんですよ。

そのときにモンゴルのお箸の踊りをその子たちがやってたんです。モンゴルで特訓をしてきた先生が教えたんだそうです。私は、「いなほ」の子だったらもっとできるぞと思っちゃったわけ。お箸を手でこう返したりとか、そういうのを入れたりとかいろいろしたわけね。舞踊も自分でこの子たちができるものに組みかえました。だけど、基本的なものは全部入れてあるんですよ。

テンポが途中で変わっていくわけです。そこが子どもはうれしいの。でも、いかにもモンゴルらしいでしょう。速い、遅いでね。モンゴルの場合には、必ずベースはウマのリズム感なんですよ。タンタラタンタンタンタンタンターンターンターンターンとかと、ゆっくりの草原情歌みたいになっていって、またタンタラランね。古琴(コソ)でも、馬頭琴でも、踊りでも、みんなそういう変化が入るんですよ。

転換がうれしいみたいですね。みんなお箸の踊りが一番楽しかったと言ってました。

最後は全員参加で園庭の「しろやま」に隠されたお土産を取るために競走です。皆さん楽しんでくれたと思いますよ。他の運動会とはまるで違いますがね、これが「いなほ」の運動会です。そしてほんとの最後は園児がピアノに合わせて縄跳びをしましたね。夕日の中で、子どもたちはきらきら輝いていました。終わったのは4時ごろでしたか。

帰りに皆さん感想を言ってくださいましたが、本当に喜んでくださっていたわね。

11月は「森は生きている」を見に行ったり、鹿踊りを群馬に見に行ったり、それで影響を受けた子どもたちが自然発生的に人形芝居を始めたり話したいことがいっぱいあるけど、運動会の話で終わっちゃいましたね。

13

けやき組の子どもたちの気持ち

（12月）

12月10日は、北原先生の話の聞き手である塩野米松さんと編集担当のほかに、スタジオジブリから鈴木敏夫プロデューサー、「崖の上のポニョ」の主題歌を歌う藤岡・藤巻の2人、映画の宣伝担当者2人が「いなほ」にお邪魔しました。鈴木プロデューサーの「〝藤岡・藤巻〟はふだん、小さな子どもとつきあう機会はないはずだから『いなほ』の子どもと遊ぶことで、子どもってどんな存在だったかを思い出してもらおう。あの元気な『いなほ』の子どもとつきあえれば、『ポニョ』の歌を子どもの前で歌うような機会があったときに、まごつかないだろう」という意見で、お願いして見学の機会をいただいた。

しばらく様子を見ていた大人たちですが、子どもたちに「だれのお父さん?」「縄跳びできる?」と話しかけられているうちに溶け込んでいきます。

ホールで側転が始まりました。4歳、5歳の女の子も男の子も、「見て、見て」と言わんばかりにクルリ、クルリと木の床の上で側転をしていきます。「えっー、みんなできるんだ。すごいなあ」と感心するばかりの大人たち。「できる?」と言われて、唯一参加できたのは、宣伝担当の若い土屋さん。ヤッと声をかけて側転を披露。

この大人たちは自分たちと一緒に遊んでくれるとわかった子どもたちは、もう容赦なく遊びに引きずりこみます。追いかけっこ、縄跳びの二重跳び、縄跳びをしながらアップダウンのある園庭での追いかけっこと、ダイナミックに遊びます。

ふだん、走ることさえあまりない大人たちが、やっと一息ついたのは、「さあ、お昼を用意しましたので」と子どもたちと一緒のお昼ご飯をいただくことになったとき。大人たちの顔は、もうふだんとは違いました。しばりがとれ表情が豊かになり、言葉がたくさんでます。「うまい!」とご飯もすすみます。

「『いなほ』の子どもたちは、毎日、こんなふうに健康的に生活しているんだ。桶川の自然に囲まれ空気のいい園でこうした毎日が繰り返されれば、体が強くなって、アトピーや喘息という病気を持っていたとしても、いつのまにかなくなってしまうんだろうなあ」と大人たち。北原先生がいつも話されている事実を改めて体感した数時間でした。

済州島《チェジュ》へ

まずは韓国・済州島へ行ってきた話ね。

今回の韓国8日間の研修旅行のスケジュールがものすごいんですよ。夜中にソウルに着いて、済州島へ向かったの。総勢40名だったんです。バス1台ちょうど。

百聞は一見にしかずって言うけど、どんなに聞いていても、一目見たときに、いろいろなことが全部わかることってありますよね。例えばチェコのリディツェ村。村民全部ナチに殺されたところですが、あそこは美しい村でしたが、現地に立っただけですべてが感じられたんです。済州島にもそういうところがあるんですね。そこに立っただけで、自分の身がサーッと変わるの。政府による島の住民の大量虐殺という悲惨な歴史が刻まれてますからね。何万という人が虐殺されているんですね、あの島で。

観光じゃなくて、そうした事実を知りたいということで、私たちは行ったんですね。だから、普通の人は入れない所にも入れてもらえて、そういう酷《ひど》い目に遭《あ》った人たちとも直接会えるという旅行だったんです。ですからどうしても行きたかったんです。

今でもその虐殺については、しゃべっちゃいけないみたいな空気があるんですが、盧武鉉《ノ・ムヒョン》大統領になってから謝罪されて、慰霊碑が作られて、ガラッと変わったんです。

『私以上でもなく、私以下でもない私』(岩波書店)を書いた朴慶南さんと李政美さんという歌手の方がバスに一緒に乗って、いろいろお話をしてくれました。日本人で韓国に嫁いだ方が通訳をしてくれて、それが、その人のもののとらえ方で話してくださるからとてもよかった。

済州島は日本の影響でころころ、いろいろに変化したところなんです。よい影響もあったと思いますが、悪いことも多かったんでしょう。もし沖縄戦で第二次大戦が終わっていなかったら、済州島を最後の基地にして、日本は戦い続けるという準備が全部されていたんです。そこを生で全部見てきました。いかに残酷で、無残なことをしていたかというのが、ほんとよくわかりますね。

済州島は終戦後も、朝鮮戦争や南北の分断の問題とからんで、一村全部皆殺しにされたぐらいの、すごい背景を持っているところです。そういう事実をみんなひた隠しにしていたり、いろいろなことがありましたね。「チャングム」の撮影場所になったり。「チャングム」では流刑場所ですよね。昔は佐渡と同じで、済州島も流刑の島だったんですね。

済州島の話をするととても長くなってしまうんですが、なぜ私が韓国にこだわるかの背景でもあるんです。保育に韓国の文化をいろいろ取り入れてやっていても、やっぱり真実をちゃんと知っておくということが大事だから、自分の眼できちっと見て、知っておきたいと思っているんです。

原爆の被害を知らない人の中には、アメリカが原爆を落とさなかったら、戦争はまだ続いていて、莫大な人が死んだんだから、落としたことはいいんだ、って言う人がいるわけでしょ。だけど、原爆の被害を知った人は、人間がこんなことをしちゃ絶対にいけないってなるでしょ。朝鮮半島や中国もそうですし、まだまだ自分たちが知らずに落としているものはたくさんあると思うんですね。

知らされないようにされたり、あれは悪いんだって植えつけられているものがあれば、それを取り除いて、枠にとらわれないで、本当のことを見たり知りたいから、沖縄であれ、朝鮮半島であれ、中国であれ、アイヌであれ、行って、見て、話を聞いてくるんです。一番大事なのは、みんな同じ人間であり、素敵な文化を持ち合っているということなんです。

韓国の踊りとか歌とかをやっていくようになれば、表の日の当たるところだけ拾ってくるだけでは、結果的には間違うこともあるでしょう。だから、私もこれからもいろいろ探訪をして、いろいろな方と接触していくでしょうね。そういうことがなければ、ここまで来れたかどうかわからないですね。

共通していたのは、済州島の方もアイヌと同じで、文字を持たなかった。文字を持たずして、全部口承で伝えてきたんです。私は、アイヌのユーカラやいろいろな他のアイヌの文化の中にも、肯定的な意味で、文字を持たなくて伝えてきた美しさとか、素敵さとかがあって、そういうものともっと心が交わり合えなければならないと思っているんですね。文字が記号だけにだんだんなりつつあって、そういうのは非常に残念だなあと……。

そういうことを感じたいというのが今回の韓国旅行の中心だったんです。

公演

「けやき」の3人の男の子たちの朗読の話です。

以前スペインのフラメンコの第一人者が来日して踊るという公演のとき、「けやき」の子どもたちが頼まれてロルカ（編注／フェデリコ・ガルシア・ロルカ。20世紀のスペインを代表する詩人、劇作家。リベラルな作品と言動のため、スペイン内戦の際に銃殺された）の詩を朗読して、その録音テープが舞台で使われたんですね。その公演と同じように、戦下のスペインの詩人の詩を読んでくださいとまた依頼があったんですよ。前の公演のとき仲介をなさったフラメンコの小島章司先生の舞台です。

これは高学年の子でないと詩の内容のかぎ分けが無理だろうというのがあったので、5年生2人と、4年生1人の3人の子に絞ったんです。4年生になるとそれ以下の年齢のときと違って、非常に嗅覚《きゅうかく》が鋭くなって、相手の要求をかぎ分け、それをきちっとキャッチする力が著しく強くなるなというのを感じてたんですね。

私が韓国に立つ前でしたが、3人には電話では何も言わないで、「日曜日だけど、ちょっと今日来てくれない？」って呼んだの。3人はまた何か自分たちにやらそうと思っているなと思いながら私のところに来ました。それで、こういう話が来てるんだけどって言ったら、「えーまた」って言ったけど、まあ話を聞いてたんです。

詩の中に難しい漢字がいっぱい出てくるんです。間違ったら失礼でしょ。だから、間違いのないように、一応文学部を出ている人に読み仮名を振ってもらってあったんです。それを1回だけ、私が感情を入れずに、3人の前で読んだんです。

子どもたちもぶつぶつ言いながらも1回だけ読んだんですが、その後に「おれはここを読む。おまえはここを読め」と言ってるんです。これが大事なんですよ。もうわかるんですよ。だれがこれを読んだら一番ふさわしいか、似合うか、これが実に見事なんです。

そのときに2回読んでもらったのを録音して小島先生に届けたんです。私はもう韓国に行っちゃいますと伝言して。

ところが、帰ってきたら、録音ではなく生《なま》じゃなくちゃ、というわけです。私が韓国から帰ってきたのが公演の2日前なんですよ。私は「そういうことは子どもに言ってないし、私は子どもに強制したくないんです。先生がしてもだめですよ。でもまず行ってみましょう」と小島先生にも言って、まず舞台がどんなことなのか3人を公演の練習舞台に連れて行ったんです。あの子たちは「おれたち、生の舞台に出るなんてやらないからね。絶対やらないからね。もう嫌だからね」って言ってたんです。

向こうはどうしても生がいいと言って譲らなくて、子どもたちも「舞台なんて嫌だからね」って言いながらもマイクのテストだけはして帰ったんです。

本番の舞台は、ル・テアトル銀座なんです。で、次の日、練習のためにそこに行ったんですよ。本物の舞台でしょ。それを見たら3人はだんだん心配になって、しっかりくっつき合っちゃって、「やらないからね。やらないからね」って言っているうちに、スペインの監督さんが、「はい、位置に立ってください」って言うんですよね。そしたら5年生のカズヤが「フウキ、おまえが行け」っていうんで、あの広い大舞台の真ん真ん中に立ったのはフウキで、カズヤとシュンは紗幕《しゃまく》の後ろの台の上に立つことに決まったわけ。それで1回やった後に、最初に詩を朗読する人が舞台の真ん中に行くことになって、カズヤは自分がそうだから、しょうがないから真ん中に行ってやることになったんです。

ものすごい大きな舞台で、真ん中に立った1人と、奥にいる2人と三角になって、音を合わせるんです。これはすごく難しいんです。相当リハーサルしないとできないの。そこでいきなり監督さんに言われて、1回やっただけで「はーい、オーケー(拍手)」って言われて、で「いいんだってさ」って帰ってきちゃったわけね。舞台のどこでどう出ていくんだかわからないまま帰ってきて、ぶっつけ本番なんです。やるっきゃないですよ、こうなったら。

あの子たちは舞台のモニターで見ていて、あの服の人が出ていったら次はおれたちが行くみたいだって覚えているんです。そういうのもいっさい自分たちでやりましたね。さんざん楽屋でいたずらしているのに、自分の出番にはしゃんとして。ワイシャツに黒いズボンを着たんですが、カフスをとめたり大変なわけ。ふだんそんな格好してませんからね(笑)。

あの子たちは人に頼らないように生きてきているからできると思うんですよ。

だから、自分たちが自分の監督であり、演出家であり、振付家であり、出演者なんです。それで1ステージが終わって帰ってくると「あそこをもうちょっと、ゆっくりやったほうがよかったな。あそこはもうちょっと間をあけてからやるとよかったな」と互いの批評を言い合うんですよ、毎回。いやいやだったり、強制されてだったらじゃ、こうはいかないです。いかに真剣かと、いかに味わいながらやっているかなんですよ。自分たちでちゃんとやっているんですよ。

3人は客席のど真ん中のスペインの監督の表情と動きを全部舞台から見てたって言ってました。朗読するほうの子どもたちが監督を監督しているわけ。ずっと見ていて、どこのときはどういう表情をした、どこのときはどうだったから、あそこのところをちょっと気をつけるといいのかなとか、そういうことを3人で互いに言ってるんです。

スペインの監督は3人の声を韻律《いんりつ》で聞いてるんです。それから姿にあふれ出る表情を見てるんですね。だから言葉はわからなくても、人間は、人間同士で触れ合いができるんですよ。

子どもたちもそりゃあ緊張しますよ。

だけど、いかなるときも緊張して生きなさいって日頃から言ってるし、そういう生き方をしているから、物おじはしないです。命がいつでも落ちるということがあるのが当たり前だから、死と背中合わせで生きているから、生きるっていうことは非常に緊張感が要ることなんですよってふだんから言ってるんです。本当にそうなんです。ぎりぎりの遊びをしているから、私の言うことがこの子たちはわかるんです。

他から見ると、だらんちょ、だらんちょで勉強なんかしているのとか言われるかもしれないけど、平素が緊張して生きているから、こっちも平気だと思っているわけ。

小島先生に私は一つだけお願いしました。それは私が必ず5ステージ全部に付き添いますと。いるだけでいいんです。何にもしないけど。楽屋にもいるだけ。舞台の袖にもいるだけ。ただいるだけ。

私たちとあの子たちは、いつも自由であることを大事にしているんです。物をしっかりつめていないと自由は獲得できないんですよ。だから、自由であるということは、非常に緊張感を伴うのね。ふらふら、ちゃらちゃらしていたらだめなんですよ、生きているということは。子どもたちはそういうことをちゃんとわかっているから、私がいるだけでいいんですね。緊張感の共感ができるから、何も言わなくても集中できる。

だけど、そのために私は保育園を5日間留守にしたわけですよ。残っている「いなほ」の子も「けやき」の子との時間もすべて棒に振って。

出演した子どもたちは今回のような体験をしてくると、変わります。やっぱり自分との闘いに勝ってきたようなことですよ。

詩を読むとか、言葉を音にして出すと、字で読んだのとまるで違うものです。自分でも感激するものだと思うんだけれども、人に訴える力も大きいですよ。実は私はあの詩が暗記できなかったんですよ。それなのに、あの子たちが読むのを聞いていると勝手に頭に入って記憶に残っちゃった。なぜかというと、あの子たちが自分たちの血肉でちゃんと言葉にしてくるから、ストーンと入っちゃうんですよ。そしたらもう忘れることができない。

本当に心を込めて歌われる歌だったら、心に入っちゃうんです。うちに帰ると自分が暗唱しているの。よみがえっちゃうんですよ。

ちょっと悪いけど、そんじょそこらのプロを連れてきたってああはできないですよ。見る人を釘付けにして忘れさせないんだから。

そんなふうだから、「これはもう見せるべき」だって、「いなほ」の子たちに見せたわけですよ。お金は後から考えるからいいと桶川市民会館での公演をもうけてもらっちゃったわけ。

みんなすごい集中で見ました。

『警戒せよ』という詩なんだけれども、1歳児の子が「警戒せよ、警戒せよ」って韻律で詩が頭に入っちゃったわけね、それで歌うんですよ。リズム感でもう入ってるんですね。だから、いかにあの子たちの投げかけた言葉がすばらしかったかですよ。

詩の意味は、子どもたちは何も聞かなかったんです。自分たちの思いでしっかりとらえているからです。そうでなかったら覚えられないと思う。結構、怖い詩なのよ。「警戒せよ」というところから始まるぐらいだから、フランコ政権に対するアンチテーゼみたいな。

あれを見ていたら大人のほうがわかってないなと思いましたね。子どものほうがある意味でわかってるんじゃないかしら。あの子たちの朗読が人の心に、どんなに忘れようと思っても忘れられないふうにしているんです。

3人でやるんですから、詩の意味や流れがわかってなかったら絶対できないんですよ。10歳なりにきちっとテーマと詩の流れをわかっていると思いましたね。

私が言いたいのは、すぐれた少年でもなければ、だめな少年でもない、ごく普通の10歳で生きている子が、ごく普通に生きていればそういうことなんだよということを教えてもらったということなんですね。

何でこういう話になっちゃうかというと、ゼロ歳からずっと「いなほ」でこういう生活をして10歳ぐらいになると、そのくらいに感性を広げながら、判断力、記憶力、推察力、そういうものがごく当たり前に、こういうぐらいのことまでできるということですよ。

特別なことじゃないんですよ。いつも黄色いお洋服を着ているユウマちゃん、ちょっと障害があって情動行動を起こして、ぴっとできないのがあるんだけれども、3人の朗読のときだけはぴたっと情動行動がなくなって、かぶりつきで見ているかのように集中していたんですって。みんなそういう反応する力があるんですよ、そういうものに感応する力が。そういうものがあるから、ユウマちゃんも引き出されて……すごい感激しましたって、お母さんが話してくれました。こういう関係ができると、みんな穏やかになっていくんですよ。

暗闇ですよ、客席は。暗闇の中で、その子が、この瞬間だけの集中は大変なもんだということがわかった。ユウマ君は言葉がしゃべれなくても、ちゃんとわかり合えるものを持っているんだ。そういうことが、いかに重大か、原点みたいなもんだとわかりましたね。

もしかすると、今回、頼まれた先方はわりに簡単に考えて子どもに朗読をやってもらおうと思われたか、それはわかりません。私はこんなことは本来やらないけど、やるんだったら、これを機会にこっちが育っちゃえ、いただいちゃえという思いで取り組んだんです。親や子どもたちの反応を見れば、それがうまくいったと思うんです。私はそういうのがうれしいんですよ。そういう瞬間を、きちっと親が、はっと思って受け取っている。その瞬間。すばらしいですよ。

子どもの問い

東京公演の送り迎えには職員の真理さんと淳子さんと私が付いてたの。真理さんは新婚で妊娠中の保母です。そうです6月に結婚式を挙げた真理さんです。

やっと東京公演4ステージを全部終了し、帰るときに、子どもたちが「とてもどきどきしちゃうこと聞くよ?」「3人いるところで聞くから」って言ったんですね。私が「真理さんは今、お腹に赤ちゃんがいるから、そんなにびっくりどきどきすることを聞くと、困るかな」って言ったら、真理さんが「大丈夫ですよ。いいですよ」って。

そうしたら「真理さんに関係することなんだけどね」って子どもたちが言ったんで、私は子どもたちが言いたいことがぱっとわかったの。それで「言ってもいい? 和子さん、もうわかっちゃった。あなたたちは真理さんが赤ちゃんを産んだら、すぐに『いなほ』に預けて、ずっといて、卒園したらその子がけやき組に入るかなって、そう聞きたいんでしょ?」って言ったの。

「どうしてわかっちゃったの?」

「もうわかるんだよ、あんたたちのことは」

それで話してあげたんです。

「大丈夫なんだよ。旦那さんのヒロアキさんは、ちゃんとそこまで考えて、真理さんといるんだから、大丈夫なの」

「ふーん、そうか。でも、おじいちゃんやおばあちゃんが絶対だめだろうな」って。

「けやき」の子どもたちは世間が自分たちをどう見ているか知ってるんですよ。そういう試練の中で「けやき」にいるから。学校で悶着《もんちゃく》があった子もいるし、家庭でも悶着があるわけですよ。家の中でも、そういう話をしているんですよ。

たいてい夫婦では、母親のほうが、みんな強いわけ。だから、夫婦も大変。ましてや、おじいちゃんおばあちゃんがいたら、なお大変。

預けるときに「おまえは気がおかしいんじゃないか」って、お母さんたちはみんな、旦那衆に言われてきているわけ。すったもんだ、すったもんだして、みんな「けやき」にやってきてるんです。

何が問題かって、まずはお金です。公立にやっておけば楽なんです。実際には私たちがやってることは公立のお金に比べたら安過ぎなの、本当は。だけど義務教育ということで親が学校で負担しているお金は少ないですからね。

それでも、そういう風雪に耐えて、やり切っていけるかどうかと、そういう言葉で言えないかわりに、「もう本当にどきどきしちゃうことを聞いてもいい?」って言ったんですね。

こう子どもたちが聞いたのは、子どもたちが「この人がおれたちに命をかけて、本気で、だますことは一つもなくやっているかどうか」ということを推しはかってるんですよ。だから、恐ろしいですよ。そのくらいきちっと、本気で向かっているか。大人の嘘《うそ》を見抜くのがすごいから……。

でも、それだけ真剣なわけですよ。あの子たちは、みんな、何をやるんでも真剣に突っ込んでくるから、やっぱりちょっとでも嘘をついたり、いい加減にするのは嫌いなの。嘘をつく大人を見破っちゃうのよ。それでちゃんと、いつも、これはこの人に聞くべきだっていうところを、ちゃんと選んできちっと聞いてるの。この人は聞いてもむだと思ったら聞かないの、絶対。だから、そういうむだなことは結構しゃべってないんですよ。

今、塩野さんが「この公演を終えて、成長しましたか?」と聞かれたでしょう。だから、そういうことを言うくらいまで発達したんですよって言いたかったの。

自分の感覚で、口でも感覚的にも、まだ定かではないけど、何かを確かめたみたいな。何というのかな、ものへの真剣な挑戦ということで、やっぱりともにあるということで、こういう成長をするんだなという見事な過程が、その車中の問いには、あったわけですよ。

その日から「いなほ」が劇場に

この5ステージが終わって、「いなほ」に帰ったら、「けやき」の女の子組が燃えちゃって大変ですよ。

カズヤたち3人の男子の公演を見て新しい遊びが始まっちゃったの。女の子全部が自分たちで踊りを5つ作りましたよ。アリラン系の踊りを5つ。それで、演出、構成、舞台監督からなにもかもみんな自分たちで決めて、全部紙に書いてやるんですよ。園全体が劇場ですよ。どの踊りは誰と誰が何をやるか。幕引きから、舞台美術まで、自分たちで決めて、幕を開けるんですから、もう感激ですよ。

ホールの入り口にある、みつばち組の部屋が客席になって、ホール全部が舞台になるの。それでホールとの間に幕があるんですよ。客席のほうが狭いの。

そして観劇のためのチケットもあるんです。「韓国の踊り『けやき』の女子が舞う」って金と銀で書いてある。これをきれいに、みんな一つ一つ、作るんです。園児や職員全員の分を作るから、１００枚以上作らなくちゃならないんです。みんな手作りですよ。チケット作りに始まって、どういう舞台を作るか、誰がいつ何をするか役割分担を書いた紙があるわけ。自分たちで相談して書いたんです。

文字なんかまだ1字も習わない子が、みんな、そういうのをやって、漢字も書いてあるんですよ。こういうときには必ず自分たちで調べてやるのよ。素敵ですよ。

それで毎日、リハーサルをやっているわけ。傑作なの、みんなにそれが見えるけど、リハーサルは「見ちゃだめ」って言うの。3歳以下はまだわからないから、見ていてもいいと。4歳以上は、しっかりした本番しか見せない。4歳から上はおよばれしなきゃ見ちゃいけないの。およばれの時間は午後の3時ぐらい。

朝から、全部仕込みをやって、舞台を作って、練習をやってるんです。

いよいよ始まったときには驚きましたよ。カーテン係がちゃんといて、両脇に開いたら、全員あっと驚いたの。開いた舞台の真ん中に何があったと思います？　本当に、私たちはみんなハッと息をのんじゃったの。

ホールの真ん中に、サザンカの赤と白の花びらと枯れ葉で丸く円が描かれていたんです。すごいセンスですよ。そこに外の光が当たって照明を当てられているみたいに見えました。私たちは、みんな息をのんじゃって。そして、チャンゴ弾きがチャンゴをたたき始まりです。

チャンゴが流れると、籠《かご》を持った踊り子が3人、3年の女の子1人と、1年のアマネちゃんと、ユズちゃんが登場して踊るんです。1年生のぺいぺいなのに、姉ちゃんにくっついて、その花びらの円の周りを踊りながら回るんです。踊りながら、籠の中から客席のほうに枯れ葉や花びらをまいてくれるわけ。ときには籠を置いて踊ったり。それをやっていたら、ゼロ歳児の子が、うれしくなっちゃったんでしょうね、はいはいしてそこに行っちゃったの。舞台の上に。で、ここがいいところなんです。

見ている子どもたちは、その子を引き戻さないし、どかさない。踊っている人たちも、その子の邪魔にならないようにちゃんと、踊り抜けていくわけ。さもそれが風景のように、くるくる回りながら。踊りながら、3人が次々に、その赤ちゃんに花びらをかけてあげてね。赤ちゃんは嬉しくて、喜んでいるの。そしたら踊りが終わって、その子たちは3人、自然に舞台の袖にはけていくわけ。それでカーテンが閉まるの。

ここはしまりどころっていうところで、ちゃんとしまるわけ。

最後、フィナーレになったら、全員、チャンゴをやった人、幕引きやった人、後ろで進行をやってた子も全員が勢ぞろいで、真ん中に出てきて、中の一人がその赤ちゃんを抱いてあげておじぎするわけ。

以前お話ししたソウルでやってきたこと(編注/「秋は踊りと音楽」の章参照)を、全部自分たち流にアレンジして。一つ一つの踊りのおじぎの仕方が全部違うの。心憎いでしょ。

私たちは舞台がどうなっているか幕が開くまでわからないんです。そんなことを子どもたちで企《たくら》めるってすごいでしょう。誰も指導してないんですよ。自分たちがカズヤたち3人の公演を見て刺激を受けたんで始めたんでしょう。それにうちの子たちはたくさんの本物の舞台を見てきていますから、蓄えがあるんです。

即興で舞台を作るというのもたいしたものですよ。赤ちゃんが入ってきちゃったのもそうだし、そんな赤ちゃんを抱いて踊るのも。こういうことをごく当たり前にやっているわけ。だから、公演が終わってからこの間、毎日「いなほ」は劇場だったの。

5歳の「いがぐり」や4歳の「やまめ」はもちろんだけど、2歳とか3歳の子たちも喜んで見ているの。その集中力はすごいです。毎日みんな楽しみで、朝から切符をもらって、うきうき待っているでしょ。3時ごろになると、みんな黙って、客席にきちっと座って、おちゃらける子も騒ぐ子もいないわけ。「こんなの世界にない素敵な舞台だね」って、職員同士で話して。扇の踊りなんて、完全に先生を超えちゃっています。

カズヤたち3人の男子の公演に触発されたんですね、公演の意味は大きいですよ。

私は芸術は一番大事だと思うから見せに連れて行くでしょ。その意味がこういうことで、形になるし、親にもわかってもらえるんですね。

私は芸術は庶民のものだと思うの。上の人は金で買うけど、作るのはみんな庶民だから、庶民がもっともわかると思うんです。いつもそういう中にいるということが、「いなほ」がやっていることの原点なんです。でも別に芸術学校を作って、芸術ができる生徒を育てるのではなくて、生きること自体芸術だと思っている。だから子どもたちもそういうふうになってくる。

それにしても、あれだけの演出をするんだからすばらしいわね。

舞台を客観的に眺めることのできる目を持った子がいるっていうことですよ。そういう立体感のある発想がないと絶対にあの舞台はできない。あの花びらで囲んだのはまさにそれですよ。カズヤが舞台に立ったときに、サーッとライトが当たったんですけど、その形を花びらで再現したんですね。見事でした。その量とか、丸さ加減とか。それは、本当にセンスですよ。

今、園庭はすごいでしょ?　イチョウが降って、もみじやサザンカの花で地面が敷き詰められていて。きっと、サザンカのところを歩きながら、誰かがやろうと思ったんですね。これで真っ赤に染めて、舞台にしようとか。

どこへ行っても買える、きらきらしたものが、日本中に山とあるでしょ、食べるものでも、着るものでも、おもちゃでも。この子たちに、一番のきらめきなのは、そんなものじゃなくて、そこにある自然物なんです。生きてある自然物。枯れて落ちてもまだ生きている枯れ葉や散った花びら、そこなの。今、そういうものから違うところに日本中の目がいっちゃっているでしょ。だけど「いなほ」の子は、「あれしなさいよ」とは職員は言わないけれども、持っている感性で、子どもたちからちゃんと湧《わ》き上がってくるわけ。

この後、クリスマスがあって、すぐ1月。私たちは卒園を前にもう大変ですよ。ちょっと目の色が変わってきますね。この辺までですね、ちょっとのどかでいられるのは。

1月は別人にならなきゃならないから。卒園式が近いからね。それにしても保育やってて良かったと思える舞台だったわ。職員みんながそう思ってるわ、きっと。

14

舞台や映像を見るということ

(2008年1月)

1月15日、ちょうどお昼時間に訪れた「いなほ」は、毎冬そうであるように、園庭の中心に焚き火がしつらえてありました。その火を囲むように、太い丸太が椅子がわりに置いてあります。子どもたちは、まるでスズメが電線に並ぶように、丸太に腰掛けています。でも、スズメが羽を膨らまして暖をとるのとは全く逆で、半そで姿でお昼を食べている子もいます。

テラスの上では、４歳児の男の子がヨイッショ、ヨイッショとお櫃《ひつ》に入れたご飯を運んできました。大人が見ると、今にもお櫃をひっくりかえしはしないかと心配してしまうような運び方ですが、なんとか無事にテラスの端っこに置きました。それを待っていた子どもの一人がおしゃもじで、ご飯を自分のお椀によそいます。入れ終わって、ちょっと自分のお椀を見ていたと思ったら、今度はお椀からお櫃にご飯を少し戻しました。「よそいすぎたの？」と聞くと、「うん、入れすぎた」という返事。

小さなことかもしれませんが、「自分のお腹がどのくらいご飯を要求しているかを、わかっている」──これは、４歳児で普通でしょうか？ そこには、的確な判断力と健康な肉体があると言えないでしょうか。「いなほ」の子どもたちは、見学しているとご飯を残すということをしないように思います。自分の体が求めている分量を、好きなように食べることで、自然に身につけているように見えます。

この健康な体があるからこそ、北原先生が忙しいスケジュールでも、いいものを見せたいと子どもたちを園の外へ連れ出している活動も、血となり肉となる気がします。

今月は晩秋から冬にかけての、子どもたちの様子をお聞きしました。

忙しかった12月

12月の出来事といったらこの前話した「けやき」の女の子たちのサザンカの舞台ね……本当に美しかったですね。その後に12月15日に、東京・北千住に、宮沢賢治の「なめとこ山の熊」と「やまなし」を見に行ったんですよ。これは東京労音の主催でした。

私たちがよく行く群馬中芸という劇団の舞台なんですけど、演出したのが中村欽一さん。アイヌのお話に『パナンペペナンペ』というのがあるんです。いいじいさんと悪いじいさんの話で、いいおじいさんはずっといいんですけどね。だけど悪いおじいさんも、弱さもあって、本質的なところではちゃんと、いざというときにはいいものを生み出してみたりするんです。私は「おれの体は縛《しば》れても、心は縛れねえ」という台詞が好きなんです。児童演劇の部門で、一番すごい賞をもらっている作品です。

中村さんの絵本の挿絵は亡くなってしまった西山三郎さんって、前進座のほとんどの舞台美術をやっていた方のものです。すごくいい本で、好きなんです。

中村さんが演出されたし、うちの保母の淳子ちゃんがこの劇にかかわっているんです。「やまなし」には出演したんですよ。

もう一つのクマの出てくる「なめとこ山の熊」。宮沢賢治のとても素敵な作品ですね。私は、その芝居がいいから、何回も見ているんです。作品そのものもいいんですね。万物みな自然界のものは共同で生き合っているということなんです。共同、共鳴しながら生きているというクマ撃ちとクマとがお互いに、相手を殺すためでなく、必要としなければ生きていけないという背景があって、最後にクマ撃ちが……、これもよく皆さんが知っているお話ですよね。

この芝居の内容もいいし、演じた役者もいいんですけど、何と言っても音楽がいいですよ。中村忍さんといって、早稲田の高校の音楽教師をしている人なんですけど、「こんにゃく座」で音楽をやっていたり、いろいろな作曲をする方なんです。群馬中芸でもたくさんのお芝居の音楽を担当して、作っています。今回の作品2つともこの方が音楽を担当したんです。特に「なめとこ山の熊」の音楽はいいですね。

自然界の生命の荘厳《そうごん》さというのかな、しみ渡るような澄んだものなんですが、そこには深い因縁から、縁から、いろいろなものがあるわけですよね。そんな言葉では言い切れないことを美しい音楽で表現しています。導入の音楽と、最終幕のテーマソングがいいんです。演出家の中村さんも、劇中の一番クライマックスと最終の場面で使うつもりだったんだけど、あんまりにもいいので、序曲にも使ったそうです。

その序曲が、観客を吸い込んでいくんです。

私が連れていったのは3歳、4歳、5歳、けやき組。それで、ユウマちゃんとか、アイちゃんももちろん行きました。ハンディをもっていたって関係ないんです。

大型バスで行くから3歳は大喜びなんですよ。今年の3歳の子は、職員がとてもいい保育をするので、感受性がなかなかいいんですよ。それにけやき組の影響が大きいんですよ。今、園で3歳児たちが何して遊んでいるかというとね、「けやきごっこ」しているんですよ。「おれはカズヤだ」「おれはシュンだ」とかね。

「けやき」の兄ちゃんたちが理想像なんですね。お兄ちゃん、お姉ちゃん、餓鬼《がき》大将がいいんですね。だから今ここにおいては、「けやき」がみんなの憧れなんですよ。

男はカズヤとシュンで、女はウララとか踊りが好きな女性軍にも憧れて、みんなまねっこをやっているんだけれども、そういう憧れのお兄ちゃんたちと一緒にバスに乗っていけるから、うれしいんです。

学童まで連れていくと60何人になるのでバスも1台じゃ足りないんですよ。私もその人数では全部を掌握《しょうあく》するのは難しいから、今回は学童は行かなかったんです。

このお芝居はみんな3回ぐらい見ているんです。

毎年とかいうんじゃなくて、公演があったら連れていくんですよ。この語りは聞くに値するし、芝居そのものもいいというのがあってね。

新たな試み

会場に行ったら開始まで大騒ぎで大変なんですよ。

運動会みたいにギャーギャー、ギャーギャー。だから、お客さんの半分ぐらいがうさん臭そうに見ているんです。こんなの連れてきたのは誰だって顔で。

だいたい、労音主催のものに来る人というのは、組織を持ってたり、教師、保育園長だとか、所長だとか、そういう面々が多いわけですよ。

私も、この劇はせりふは語りだけで、淡々と静かに進行していくだけだから、子どもたちにのみ込めるかどうか、どうかなって少しは心配でした。

このお芝居を見るときには、いつもはいなほ保育園に来てもらうか、群馬中芸の座つきの未来スタジオへ行って見てたんです。それが今回は劇場でしょ。けれども、始まって、音楽が流れたらピタッと騒ぎがとまっちゃうんですよ、3歳の子も。

今回は新しい試みをしたんです。

子どもたちを一般のお客さん席の中に、ばらばらにまいて座らせたんです。

どこか端っこに、「いなほ」の子だけ固めようかと思ったけど、大英断で「よし、今日はばらして自力でどこまでこれが見られるか、試してみよう」と。

子どもたちは集中力も育っているし、見られるはずだというのがあったんです。私がそう思えるからには、そういうふうに子どもが発信しているんだと思って、ばらけさせたんですが、これは大変なことなんです。

普通ならこれぐらいの年齢の子どもたちは一ヶ所に寄せて座らせておいたって大変なんですよ。それをばらばらにですから。それでも始まったらピタッと黙って、集中して見ていました。宮沢賢治の淡々とした語りを聞いていくのは難しいですよ。意味をとろうなんて思ったら、とても難しい。

「銀の氷のかけらのような底には美しい白い花が咲き、てかてかと光る月の青いしずくが垂れてくるように」とか、何を言おうとしているんだろうと思うかもしれませんね。

でも子どもたちが、わかっても、わかっていなくても、とにかく一生懸命語りを耳の中へ入れようとしているのがわかるんです。それと音楽に集中しているんです。

生きるか死ぬかの思いで劇団員はやっているわけですよ。面白くなかったら笑われるかどっちかしかないというぐらいに。今の興行の芝居みたいに、子ども受けしたり、俗っぽくないんですよ。だから、子どもらに「あんなの」と言われたらそれっきり。そうじゃなかったら、少しはよく思ってもらえるかもしれない。

なぜかというと、「いなほ」の子はすごいストレートでシビアだから、面白くなかったら見ないですよ。だから観客としては怖いんです。

劇団の人ばかりじゃなく、私も怖いんです。この子たちが騒いだら、その芝居は見せに来た価値がないということですから。私は意味ないことをしたことになる。

それで、みんな静かにしていなさいと押さえ込まなきゃならない。そんなことはしたくない。いつもそういうふうに私は真剣勝負です。ジブリのアニメを見に行ったって同じです。ジブリのを見たって、子どもたちがただキャラクターにキャーキャー言って帰ってくるんだったら、意味ないと思っているんです。

この宮沢賢治の舞台は、アニメみたいに場面がパッと変わるわけじゃないですし、非常に静かなときの流れの中で進んでいきますから。それを子どもたちはすごい集中力で見ちゃったわけですよ。

　だから、観客席に座っていた人たちが、うちの学校ではとてもこうは見られない。うちの保育園でもこうは見られない。どうしてあの子たちは見られるのかって言ってたそうです。

　答えは簡単なんですよ。

　芝居そのものがいいからですよ。

　音楽そのものがいいからですよ。それしかないんですよ。そういうものが本当によかったら、たとえ障害があったって、食いついていくんです。

　本当に感動のお芝居でした。

　今はこういうものに振り向く人が少なくなってしまったでしょ。みんなチャカチャカして、起承転結があって、「オオーッ」というものが欲しいんです。どんどんエスカレートして、もっと「オオーッ」と言うものが欲しいと言ってるんです。

　けれども、うちの子たちは3歳でもどっかに宮沢賢治の世界をつかまえちゃうわけですよ。どんなに小さくても、障害があっても、人間や万物を賛歌するものの響きというのは子どもの心に入っていくんですね。嘘ものはだめです。そういうことをふるい分けられる力を子どもたちが持っているんだということなんです。

　だから、そういう作品が周りにあってほしいなという思いを、ますますこのお芝居を見たときに感じたんですね。

　私たちは、そのことのためだったら必死でやる。いつも入場料のお金を集めるのは後なんですよ。見せてからです。子どもがそれを納得し、子どもがそれで大きな影響を受けて育てば、親はわかる。絶対わかるから渋々でも子どもに見せるお金を用意しますよ。

12月は、市民ホールでスペインの舞台があったでしょ。それから……「けやき」は秩父に行っているでしょう。この宮沢賢治に行ったでしょう。

それで25日は「くるみ割り人形」をオーチャードホールに見に行って、26日に東京演劇アンサンブルを見に行って、今度は宮沢賢治の「銀河鉄道の夜」を見ていますよ。

東京演劇アンサンブルは、けやき組と学童。東京演劇アンサンブルというのはちょっと難しいんです。

その前に3歳から上の園児は見に連れて行っていますから、今度は学童を。その日は普通の学校はもうお休みだから学童はバスで先に1台行かせて、けやき組は授業があったから、それが終わってから行きました。東京演劇アンサンブルは、毎年連れていっているんで、「けやき」のカズヤたちは5年目ですよ。

最初は、「おれたち、アンサンブルって苦手」「あそこは行きたくねえな」とか言ってたんです。でも、バスに乗って行けるのがみんな楽しみみたいなところがあって、私は「わかっても、わからなくてもいいのよ」「嫌だったら眠っていていいから、そのかわり騒がないで」って連れていっちゃうわけね。そのうちにだんだんちょっとずつわかってくるのね。

話に出てくる星や星座が出てくると、何でその星座のことを言っているのかなと思うんです。わからなくていいんですよ。大きくなったときに、なぜ牽牛《けんぎゅう》がこうなのかとか、だんだんわかっていくでしょう。それでいいんです。

でも、すごい集中力が出てきてますから、今年は我慢して見ているんじゃないなというのがわかってきました。続けてきてよかったなと思いました。

買い物算数

けやき組の子は観劇に、〝川越コース〟で行くんですよ。お菓子を買いに菓子屋横町へ。川越まではバスで行くときもあるけど、今回は忙しかったんで車で行きました。もう子どもたちはあそこら辺を知っているから、一人ずつお小遣いを上げて、駄菓子を買わせたんです。短い時間の中で、ぱっと計算ができて、しかも一番好きなものを選んでね。頭の中で使い切ろうと組み立てなきゃいけないですよ。これも私たちにとっては大事な勉強ですよ。

駄菓子屋さんのおばあちゃんが、「賢い子だね」と私に言うんですよ。低学年の1、2年生の子はうまくできないから、お金も半分ぐらいしか使わないですね。そのうち、お姉ちゃんたちは何だかもっと買っているとか、周りを見て自分で見極めるんです。みんな自分のしたいことだから、そういう判断は早いんですよ。

私はそこで算数の勉強をさせているんです。子どもたちは計算を瞬時でやらなくちゃならないんです。

お小遣いは一番多くて350円です。私たち庶民ですから、その中で暮らしなさいというわけですよ。350円の世界でこういうものを見に行くということは、あの子たちにとっては大変なぜいたくなわけです。

2000円、3000円のくだらないおもちゃを買って与えたり、外食でお金を使うのか、それとも観劇に行かせるか、もう親との闘いですよ。でも子どもの変化を見れば親が変わります。納得してくれますから、それを見せるのが一番です。

観劇はまだあるんです。最終の12月28日に「雪の女王」と「鉛の兵隊」(三鷹の森ジブリ美術館ライブラリー)を見に行ったんですよ。渋谷のシネマ・アンジェリカで。行ったのはけやき組だけです。年末の混んだ中を走っていくには、ちょっと3歳は無理だから。けやき組の子どもたちは走って、走って、電車に乗って行きました。

「雪の女王」の中で、ゲルダが木靴を川に流して「この靴を上げるから、私をカイのいるところへ連れていって」と言う。あそこは子どもたちも実によくわかる。印象に残りますね。ロシアでは、靴を脱ぐというのはすごい大事なことなんでしょう。象徴的な意味で、自分の何か大事なものを差し上げるというときに靴を脱ぐ。そういうことは無言のうちに伝わってくるんですよ。

ロシア語の響きもよかったですね。それとバックで流れてくる音楽と、合唱みたいになっていた歌のところも。ああいうすばらしい響きを子どもたちに聞かせておきたいんです。

映像や音楽がよければ、言葉がわからなくても伝わるんです。日本語の字幕は早く消えちゃうから子どもにはわからないですよ。でも、そんなこと関係ないんです。絵と音楽、言葉の響きでわかるんです。

子どもには、今見せればこの子たちは理解がいくと。それが一つでもずれるとだめなんですよ。今子どもが何を見たがっているかです。見せたらいいかじゃなくて、何を見たいと思っているかということと、そのことをどの時期に親に伝えたら理解がいくかです。親たちも経済的なことがあるから「はい、そうですか」とはいかないですよ。

集金は後だから、子どもにいいものを見せてあげておいて、今なら親はわかるというときに言うんです。

私はいつも人間が生きていること自体、芸術だと思うんですよ。生まれいずることができて、そしてまたここで何かできるんですから。だから、いいなと思ったらすぐ見せに連れて行くんです。

クリスマス

「いなほ」のクリスマスは23日の夜でした。

最初は職員みんなに独奏でピアノを弾いてもらおうかと思ったの。私は一番下手なんですけど、みんな上手なんだというのを見てもらおうと思って。そうしたら職員が言ったんですよ。「和子さん、ピアノばっかりじゃ、みんなが飽きちゃうんじゃないの」って。「じゃ、みんな好きなのやっていいわ」と言ったら、すばらしくバラエティーに富んだものがたくさん出ちゃったんですよ。

やらなかった人は一人もいないの。それがまず感激なんですよ。

「いなほ」の先生って、何でもできるんだ、誰もがそう思いましたよ。ピアノのほかは、歌ももちろんあったし、合唱もやるし、なかなかきれいな声でしたね。それで三線《さんしん》があるでしょう。ギターがあるでしょう。オカリナがあるでしょう。木琴があるでしょう。木琴合奏もあったし、それから、あと何があったかな。鈴を鳴らす人もいるでしょう。逃げた先生は一人もいない。

こういうときは先生たちが子どもたちに、プレゼントに歌うとかじゃだめなんですよ。私はちゃんと言いました。

「子どもたちはいいものしか見ていないんだから、あなたたちが変なことをやったら大変なんだからね。もうその日までね、気が狂ったように練習してきてください」って。

いろんな観劇の込み入ったスケジュールの間にクリスマスが挟まれるんだから、大変ですよ。職員だって家へ帰って、台所をしながらも歌わなきゃ間に合いませんよ。それだけじゃなくて、みんなで手作りのプレゼントを園児のために全員分作るんです。見たらショックで倒れちゃうぐらいなすごいのを。毎年作品を並べておいただけで作品展になりますよ。そのぐらい見事ですよ。

そうなると、また寝ないでやらなきゃいけない、寝ていないですよ、みんな。

私、クリスマスの日、声が出なくなっちゃったんですよ。全然声が出ないから、マイクを持って「すみません、今日は声が出ないから、本当は私はピアノを弾いて、これが歌いたくて歌いたくてしようがなくて、もう楽しみにしていたのに、本日は声が出ませんから、『けやき』

の女の子に手伝ってもらいます」と。

女の子は、そんなこと何も頼まれるなんて知りもしない。突然言うから。でもみんなちゃんと出てきて、私がいつもやっていたから覚えちゃっていたんですよ。それで、チャンゴを弾く子はもう自然にたたいてくれてね。

子どもたちもみんな披露しました。3歳の「みつばち」の子たちもみんな。ですから22プログラムですよ。最後のサンタクロースまで入れると23ですよ。子どもたちもクリスマスの歌とか、ロシアの歌とか、3歳以上みんなが参加しましたね。

「トロイカ」がアコーディオンで弾かれたりとかね。やっぱり観劇の影響がこんなときにも出てきますね。時間は夜の7時半から2時間です。

クリスマスを見に来た赤ちゃんからおばあちゃん、おじいちゃんまで、誰一人立ち上がったり、帰ったりしませんでした。誰も動かないんです。出し物が魅力だから。みんな釘付けです。

フィナーレは、「いなほ」の卒園生の志穂ちゃんが、けやき組の子のパルマ(手拍子)でフラメンコを踊ったんですよ。志穂ちゃんはものすごい複雑な音を入れていく。でもあの複雑なものを全部入れても、一つも拍子を狂わさずに踊る。

練習なんてしてないんです。子どもたちはいつも全部が本番。育っていればできるというのが私の考えだから、いろいろなものが詰め込まれていれば、今これを出すといったら、出てくるんです。私の歌にハングル系で踊ってちょうだいと言ったら、それになるわけ。今度はフラメンコでやってちょうだいと言ったらそれができるんです。

それで、志穂ちゃんがまた素敵だったんですよ。全体の構成を見て、途中で変えるんですよ。自分の踊りも、子どもの動きも、すべて変えちゃうんですよ。7歳から10歳かそこらの子たちにやらせるんだけど、最後に舞台のそでにはけるときなんて、すごい素敵だったわ。

女の子たちは、踊りながら小道具に使った洗濯物を畳んで、籠《かご》に入れて持って帰ったり、大きなシーツを畳みながらとか。それだってなんにも指示してないんですよ。そうやって帰ってねと言うだけ。普通の人だって、そんなもの大衆の面前でやるのは難しい、しかもそのリズムの中で帰らなきゃならないわけですから大変ですよ。

それは最後の退場シーンですけど、その間というのは、全部パルマをやって、自分たちも踊るんですよ。女の子も男の子も。

男の子は男流の振りとリズムで踊らなくちゃならないから大変ですよ。靴を踏んでタカタカタカタカやらなくちゃならない、女の子も。みんなうれしくて、うれしくて、自分でみんな何やらかにやら、飾りをくっつけてね。それを志穂ちゃんが全体を見て直してあげて、その直ったものを皆の前で披露するんですよ。

フラメンコはクリスマスのフィナーレだから、ギターを担当してくれた人に、フラメンコの前に「アルハンブラ宮殿」を弾いてくれと頼んだんです。

ギター担当の人も逃げたかったわけ。この曲は難しいから。けどクリスマスの催しを見ていたら、どんなに小さな子でも、職員でも、真剣に向かっている。職員が次から次に、物狂いのように真剣にやっている。それをずっと見ちゃっているから、これは逃げられないと、すばらしい演奏をしてくれたんです。

最後はフラメンコで、けやき組の子が踊ってはけた後に、志穂ちゃん一人残って音も何もすべてなしで、音があるように踊ったんです。それでサッと鳥が飛び立つように暗転したと思ったら、パッと場面が変わっちゃうんですよ。そこに何があるかは誰も知らないの。知っているのは私と、手伝ってもらった2人の職員だけ。

暗転で幕があいたら、それまでは楽屋だったところが楽屋じゃないんですよ。サンタクロースが暖炉にあたって、お料理を食べている大きなお部屋になっているんですよ。

マジックみたいに、やったんです。このからくりは誰も知らないんですよ。赤々とした暖炉のところで、真っ赤な服のサンタクロースさんがいすに腰かけて、クリスマスのお食事を食べてたんです。間違いなくメルヘンですよ。みんなから「ハーアッ」と感激の声が上がっちゃって。その後、サンタクロースがみんなにプレゼントを渡したんです。すばらしいクリスマスでしたよ。

15

子どもが
花開くとき

（2月）

2月22日4時過ぎ。「いなほ」のホールから歌声が聞こえてきます。北原先生のピアノに合わせて子どもたちが歌っています。卒園式が近いので、そのお稽古かもしれません。

私は、小学生クラスの「けやき」の女の子たち6,7人とおしゃべりしながらその歌声を聞くともなしに聞いていました。ホールからかなり離れたテラスのところです。

「けやき」の女の子たちは、毛糸であやとりをしたり、編み物をしたり、ときに追いかけっこのようなものをしたりしながら、群れています。

歌声がドイツ語の原語になりました。「なんて、歌ってるの?」。そう聞いた私に「けやき」の子どもたちは、即座に歌って答えてくれました。その声が小さかったので、「もう少し大きい声で歌ってよ」と言うと、「ここは小さな声で歌うところだよ」という返事でした。

子どもたちの答えにびっくりしました。自分の遊びに夢中になっているのかと思ったら、子どもたちは、ちゃんとホールの歌声にも関心を払っていたのです。細い糸が、ホールの北原先生のピアノのところから園全体の一人一人の子どもに、しっかりと張られているのを感じました。

子どもたちは、北原園長は今、どこで何をしているということを本当によく掴《つか》んでいます。「和子は、明日、お葬式があって、いないよ」とか「和子は、今『けやき』と出かけてるよ」とかよく教えてくれます。

これは、子どもたちが北原先生をどれだけ信頼しているかの表れだと思います。この信頼があるから、自分がどこで何をして遊んでいても北原先生はそれを知っていてくれているという安心感で、目一杯遊べるのだと思います。こういう関係ができたら、保育園は、子どもたちにとって、毎日通うのが楽しみな場所になるよね、とあらためて思いました。

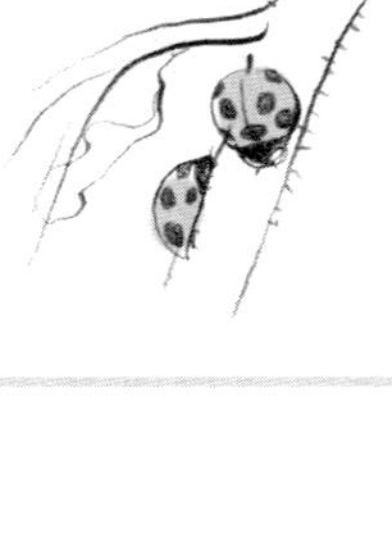

生きていく術

枠の中に突っ込まれた人というのは、余裕がないですよ。本当はもっと多面的に、自分自身もいろんなものを持っているのだろうけど、それを枠にはめられることで細くされちゃったり、なくされている気がするんですね。

文明社会の近代化している人間のほうがすぐれていると言われるけど、私はそう思わないですね。だって、太陽があったって太陽も見ていないし、月があったって月も見ていないし、風があったって風を感じていなかったら、ね。そうしたことを見て感じる中で、どう生きるかということを人類は創ってきたわけですよね。そのほうが脳みそが発達するんじゃないかなと思ってます。

私は、生きていければいいと思っているんですよ。

今は生きていけないことが問題になっちゃっているから。とにかく生きていく術を育んだら、あとは子どもたちが選択していくと思うんですね。

生きることを知らなかったら何の意味もないから、いつも学齢期の子どもたちのけやき組の授業のたんびに、「生きることをやっているんだから、そのことをわからないんなら勉強なんかやっても意味がないから、やめたほうがいいよ」ってね、言っている。

直感的な言い方ですけど、絶滅的なところまで来る気がするの、世界も、日本も。そのくらいまで覚悟しておかないとだめじゃないかって思っているんですね。

もし人間という種族がすごいんだったら、本当に必要なことをしていけば、見事に生きていけるはずですよ。先祖はみんなそうしてきたんだもの。それなのに何でも「一番、一番。一番が大事」というあり方が、ものを見えなくしてしまって、ついには「海は汚れた、オゾン層がだめになった。石炭も掘り尽くす、石油も掘り尽くす」とかの結果になってるんじゃないかしら。

「場合によれば、地球だって、どっかでずれて吹っ飛んでいっちゃうかわからないのよ」って、私は子どもに言っているんです。

反抗には意味が

私も、今悩んでいるんだけど、「けやき」の子というのは、何かを勉強すると言われるのが、あまり好きじゃないんですよね。かといって、やるのは嫌なんじゃないし、覚えも悪くはないんだけど、やりたいことがいっぱいあるんですよ。

とにかく相変わらず、自分たちで木を組んで作った〝家〟が何度廃棄処分されても、また朗々《ろうろう》と1個ずつ作っちゃうんですよ。ロビンソー・クルーソーじゃないけど、楽しそうにそこで暮らしをやっているのね。こうして生きて暮らしているっていう感じがあるんですね。

私は実際に「けやき」の子と接していて、教育とは何かというのを考えさせられちゃうの。教育って何だろうって。

人類は、原始からずっと受け継いで持ってきた膨大なものを持っているはずなのに、それを使えなくされていると思うんです。

今は小ちゃい針の穴から見るようなことしかやっていない気がして。私も気をつけないと、そこに陥ってしまいそうで……。これだけ私が気をつけようと思っていても、決めつけてしまうものが出ちゃう気がするんですよ。そういうことに「けやき」の子たちは拒絶反応が強いんです。

「けやき」だけじゃなく、在園児たちもいっぱい反抗してくるわけね。嫌だったらやらない。嫌だったら、いい顔なんか一つもしない、という態度なの。

でも、嫌だけどやってみたら面白かったというのが出てくるんですね。どのことがやってみなきゃわからない面白いことなのか、一人一人みんな違う生物だから、見極めていくのが大変ですよ。

学齢期になると、面白いことに段階が違っていくから、もう本当にこちらはエネルギーがいくらあっても足りないですね。

反抗してくる子に対して、真剣でなければならないですよ。「けやき」の子でも、在園児でもそれは同じです。だからといって反抗を全部飲んだらだめなんです。他の職員は、ここまでのところで妥協してしまっていることがあるんです。

私はこの時期になったら妥協しないんです。さりげなく、さらっと振り切っちゃう。そのくらいで受け止められなかったら、小学校1年生のランクには行けないというのがあるんです。

5歳の終わりの幼児期の仕上げにかかっているから、この時期は少し強化に入るわけです。もう手放していくときですから、こちらはちゃんと意味があってやっているわけだけれども、子どもはしがみつきたいところがあるんです。

それを私は「あなた、大丈夫よ。すごく素敵な子だから、もうそでを引っ張ってなくても自分でできるのよ」と押し出してやるんです。だから、この時期には子どもたちが描く絵がガラッと変わるんです。絵が観察的になっていくんです。

「けやき」の子も、ただ反抗してるだけじゃないんですね。自分も伸びたいんです。

私が「5、6年生は、4年生以下の答えが、合っているかどうか見てね」って言うでしょ。そうしたら、最初はやってるんだけど、1日でそれが嫌になっちゃうのね。自分たちのほうが勉強したいの。「自分たちの計算問題をちゃんと出してくれ」って言うの。

私としては「おさらいにもなるし、あんたたち、数にはちょっと慣れていないから、年下の子の面倒を見てもらっていると、数にも強くなるかな」と思っていたんだけど、とんでもない話で、そんなもの通り抜けていて。何か難しいものがあるんですね。だから、「わかった」と言って、急遽《きゅうきょ》変えるわけ。そうすると大喜びでね。だからそこの辺に、その子たちが、今日やりたい自分の頭の程度があるわけですよ。で、決して低まらない。常に高いものしか喜ばないんです。前の日より低まったものを出したら、もう私をばかにしてくる。

怖いです。だから、こっちもばかにされないようにするんだけど、高過ぎたら面白くないって言うし、教義だけで攻めていったら、子どもたちに和子はおれたちをわかってないと思われちゃうわけです。

追い込みになってきたから、私が在園の子どもたちのほうにどうしても重点をおくようにしていたんです。そうしたら、「けやき」のシュンがふてくされて来るわけ。「和子、12時までには勉強してよ」と。12時までには、けやき組のほうに来て、勉強を教えてくれというわけです。

「けやき」はどこまで？

けやき組には今6年生の子が一人います。「けやき組って小学校でおしまいなの？　中学はないの？」って聞かれるんですが、「それは私が決めることじゃなくてみんなが決めるんじゃないの」と言っているんです。

ただ私は、6年生は6年生なりのことをして終わりにしたいんです。今、この子だったらこんなことが一番したいだろうし、どんな財産を分けてあげようかしらって。

それは、欲しいなと思うものを、その子がもらってくれればいいわけだけど、たくさんの財産を見せてあげたいなって思いますね。

私は別にお金持ちでもないし、地位も名誉もないけど、財産はそこらにいっぱい転がっているから。それこそ、日本の中にはさまざまな民族固有の素敵なものというのはたくさんありますよね。そういう中から、この子だとこういう財産に憧れるだろうなという、そういう向き方で、最後の絞りをし、それに集中しているところです。

そうすると、他の子もわかっちゃうんですよ。

6年生で卒業をするから、きっと何かすごいことをやるんだって。それを和子さんとその6年生は企《たくら》んでいるんだって。

自分たちの進路を考えるうえで、あの子たちが一つ着目しているのは、アイちゃんの存在ですね。アイちゃんが「けやき」の高等部、そして専門部って短大みたいに、今もずっと「いなほ」にいるということなんです。1回卒業して外へ行ったのにまた戻ってきて、過ごしている。だからいい意味で、非常に流動的な余地はあるなというのは、みんなが思っていると思います。アイちゃんのときに、学校的な意味合いのある場所は、ここ「いなほ」しかないと思って、「けやき」を作ったんです。

私はいつも、後のことはあなたたちが決めることよって言っているから、私自身も、直前まで決定するようなことは言わないんですね。

1年目は「何で『いなほ』に、そんなものを作るんだ。『いなほ』がつぶれる。和子さんが「けやき」は今年で3年目です。

そんなばかなことをやったら『いなほ』のメンツがなくなる」ともう大変だったんです。職員も保育士も。

「和子さんが、おかしいこと始めた」というので、誰も味方なし。でも、私は「いいの」と言って、学校行かないでいた子がここへはせっせと来るから、他の誰かが何言ったって平然とやってきました。そして2年目も「『けやき』に入れてみようかと思います」と言ってきた人がいたら、「何か変な人」と言われるぐらいでした。

3年目になったら「『けやき』ではどうしてああいうふうに育つんだろう」と関心を持ち、「けやき」を見直す親が出てきたわけ。3年たつと事実を見て、育っている子どもたちを見れば、周りの人間は自分の子の進路を決めていきますから。

今年は多分、卒園児の中から5、6人は「けやき」に入ると思います。今年の卒園する子どもの親で、シュタイナーからモンテッソーリから、自由学園から、特徴のある教育をする学校を全部見て回ってきた人がいました。だけど、やっぱり納得するところは、「けやき」しかなかったから「『けやき』に入れます」と電話がかかってきました。

「いがぐり」は26人でした。そのうちの5、6人ということは、5分の1ぐらいが来ると思います。3年間の実績を見て、親がだいたい決めているなというのはわかります。

保育園を選ぶときもそうなんですよ。

ここに来る前に、みんなあちこちを見てくるんです。それでここに決める人は「他は全部枠があった」と。

この時代で、若い世代で、今流の教育しか受けてこなかったお母さんたちが、よくそこまで頑張って考えたもんだと思って、それは偉いなと思ってます。

学校に行かない、行けない子がこんなに増えて社会問題になってしまったときに、なぜこうなんだろうというのを、誰もがきちっと考えてないですよ。それをこうやって一生懸命考えながらやってきた。それが私は普通だと思うんです。いいとか悪いとか言うよりも、とにかく、その間に子どもたちの時間を無駄にしないでおこうと。少なくとも、今いる子どもたちは自分の場所を得たし、それから関心を持ったり、喜んだりすることができるわけだから、私は少なくとも恨まれる筋合いはないと思いますね。逆に普通の学校側も、私たちを攻撃しっ放しというわけにはいかないぞ、というのは言えるとは思っているんです。

そろばん・いなほ流

私はしょっちゅう言っているの。「みんな生きていかなくちゃ。生きていくときは、働かなくちゃならないから、計算がわからないと損しちゃうよ。みんなが先にちゃっちゃっちゃっと計算して、おつりもらってさっさと行くのに、ずっとできないと次のお仕事もらえないのよ、どうするの」って。

それで、そろばんやらせてるんです。けれども、お金がないから100円均一の店でそろばんを買ってきたんですが、すぐ壊れるんですよ。バラバラになっちゃう。「和子が100円で買うから」なんて子どもたちは言いながら壊れちゃ直して、壊れちゃ直してやってるんです。そのそろばんしかないと思ってますから。

こういうとき一番いいのは、先生の目が行き届かないことです。私はあれもやって、これもやってで忙しい。そうすると、子どもたちは自分でするしかないじゃない。自分のそろばんで計算している最中にそれが壊れたら、私が貸してあげたそろばんでやって、計算ができると急いで自分のを直して。そのうちに、玉がころころあっちに転がっていっちゃったりとか。それでもやるんですね。

こんなの、学校の授業じゃ見られないですよ。

そろばんも最初からこうやるんだなんて何も言わないで、ただ「ここには玉が4個あるでしょ、この上に1個あるの。これは5というんだよ、それ以外は1ね」と言っただけです。あまり言ったってわからないからね。1の玉を動かすと2になったり3になるというのはわかりますよ。みんなやっているうちに、からくりに気がついてくるんです。私はそれを言わなかったの。私、そろばんの先生じゃないから。そろばんの先生の場合は、理にかなったことを教えているわけでしょ。速く習得するための方法を。

私にはそれがないから黙って見ていると、やり方の遅い子は、変な手つきでやっているわけ。1の玉を親指じゃなくて押してみたりね。そのうち親指で動かすことに気がつくのよ。そのことに自分で気がついただけでもいいんですよ。黙っていれば、こうやって玉を上げたほうが楽だとか、他人を見ていると、どうもおろしたり上げたりしているから、そろばんというのは、何だかいつもちゃかちゃかやっていればいいんだと思っている子もいる。何もやっていないで、その手つきだけをまねて、いかにもやっているように、ちゃかちゃかやっていてね。

面白いのは、ある子は、全然そろばんを使って計算をやってないの。暗算だけやっていて、そろばんの玉なんかその答えのところに置いていないのに、「はいはいはい」って答えだけ言うの。だからそろばん一つだけでも何日もかかるんだけれども、みんな面白いみたい。勝手に自分のからくりをつくって、考えてやっているんだけど、ね。「いなほ」は何も言われないというのをわかっているから。

急いだり速いだけじゃだめで、「鈍」はとても大事だと思います。

私もピアノを弾くときに、人が1回聞くところを、１００回聞かなくちゃだめなんですよ。人は楽譜を見てさっさかさっさか弾いていっちゃうんです。私はいくら楽譜を見ていても、そのことが納得いって、そのリズム感がわからないとできないんですよ。でも、それでもやりたいから何回も納得するまでやるんです。ほんと器用じゃないです。

今は器用な人を褒《ほ》める世の中になっちゃったから。どうしても速い人を褒めるからね。速い人は褒めやすいですからね。速い人だけを褒めるんじゃなくなれば、もうちょっと価値観が変わるんだけど。「諦めないで、後ろから頑張って来てくれればいいよ」と言えば、それでいいのに、速い子を褒めるから。それで、後ろの子には、「遅いのね、家で練習していらっしゃい」とかって言うでしょ。そしたら速くやることがいいことだと思うでしょう。でも、速く行って転ぶよりは、遅くても転ばないほうがいいかもしれないですよ。

次の一歩は自分で

「けやき」の親の中には、中学になったら、はっきり普通の中学に移すという人もいます。でも、それはちょっとよくないのね。ここにいる間は任しておけばいいんです。そうでないとその子はいつもどこかに中学は普通に行くということを背負ってなきゃならないんですよ。だから、いらいらしたものが出てくるんです。

だからなんかの拍子に、「いいんだよ、おれ、どうせ中学は、中学に行くんだから」みたいな言葉が出るんです。そういうふうにすりかえちゃうんです。せっかく「けやき」に出したんだから、そういうのを決めるのは最後の最後でいいわけです。

他の子の例だけど、中学に行けるように、ドリルをやっておいたらいいんじゃないのみたいに親がしちゃったら、もう、子どもはパチンとスイッチを変えちゃったんです。そういうものを背負わしちゃう。いつだって、その瞬間が来たら検討できる余地はあるわけですよ。まだ義務教育なんだから、放っておいたって行くと言えば行けるし。そういうところは、やはりとことんまで、本人の、本当に自分の意思で選択する、決めるということは、最後まで大事にしたいですね。

ただ、今は、下級生が毎日どきどきしながらいると思います。6年生のウララちゃんはどうするんだろうっていうこと。とくに女の子たちは考えてますよ。

まだ本人も決心もしていないし、親も何も決心していなくて、みんなで和子さんの顔を見たり、本人の顔を見たりしてます。

成り行きはわからないけれども日々は過ぎていって、どのような形で卒業を迎えるのだろうか、その日はどういうふうになるのだろうかという不思議な気持ちでいますね。

ただそれは、ある民族が、狩猟の長《おさ》たちの仲間に入れてもらえる時期がいつ来るのか、どのようにしてまぜてもらえるのかみたいな、そういうわくわく感だと私は思っているんです。そういう時間は持たせておいてあげたい。

きのうは東京まで「けやき」の子どもたちに渡してあげたい教材を買いに行ったんです。買いに行ったのは生地です。人に頼んだのでは絶対にだめだと思って。で、その教材から、「ウララちゃん、自分の好きなのを選択してごらん」って言ってみたんです。そうすると、もう、ほかの子たちはどきどきして、みんなまたウララちゃんの周りに来るわけ。在園の年長の子たちも、みんなが来た。子どもたちはみんな、そういうのを見ながら、ウララちゃんの卒園後のことを、新鮮に受けとめているわけね。

雪の青空教室

「けやき」を3年間やってみて、道具も場所も何もなくたってできるということがわかったんです。何にもないほうがいいと思いました。ないと必死でやらなくちゃならないんですよ。必死さが出てくるの。何をしたってやらなきゃならないから、どんなに米粒がなくたって、子に食わさなきゃならないとなったら、どんな思いでもしてやるんですよ。それと同じなの。

子どももそうなんですよ。何を持ってきたって勉強なんですよ。地面に字を書いたって。誰も、惨めだとも思わないです。このあいだ見学の人が来て、びっくりしているわけ。「こんな寒いのに2時間寒いテラスで座ったまま『けやき』の子たちは勉強しているんですね」と。「どこかに行っちゃわないで、いつまでもちゃんと勉強している。誰も教えている人はいませんね、見張っている人もいませんね。だけど、あの子たちはずっと勉強していますよね。この寒い中でも、すごいですね」と。

そういうところをちゃんと着目してくれている人が見学者の中にいるんだと思ってね、嬉しかったですね。私たちはそれが当たり前と思っているし、それしかないんだから。ほかに居場所がないから、みんな寒いけど、風が吹けばそのままですよ。勉強用の紙が風で飛んでいっちゃえば追いかけていくんです。

自転車に乗るとき耳に付けるウォーマーをカズヤがつけてるの。「あんた勉強のときだけそれはとったほうがいいし、そういうのをやっていると、瞬発力とか働かないから、危ないからやめて」と言ったら「でも、自転車に乗ってくるときはこれをやっていないと寒いんだよね」と。

「自転車に乗らなきゃいいじゃない、歩いてくればいいのに」とカズヤのお母さんに言ったら、「気にしているんですよ」と。

「いなほ」に歩いてくると、「あの子は学校に行かないで」と言われるから、みんなと同じ時間に歩いてたくないんですって。だから、自転車ですっと行きたいんだって。私もそれを聞いたら、それはそうだと思います。でもそれなら「自転車に乗らないで、他の子に見られない時間に歩いてくればいいのよ。自転車はやめたほうがいい、耳かけもカズヤがやっていると、『いなほ』中の子どもがやっちゃうから」と。で、それをとったら今度はフードつきのジャンパーを着てくるようになって。

足にホカロンを貼ってきている子もいるのよ。今まで「いなほ」でそんなものを貼ってくる子はいないでしょう、ほとんど裸足だから。でも、寒かったら、頭だって血が回らないから、まあいいかと。

せっかく「けやき」の子どもたちが机で勉強していたと思ったら、「すぐリズムで使うから全員机返して」と言われれば、みんな急いで、それを渡さなきゃならないでしょう。自分専用の机なんかないですから。それでも、みんな怒らずにやっているわけ。だから、ほんとに全てが青空教室ですよ。

それでもそれなりに勉強はするんです。

この間の雪のときもみんなテラスですよ。その日は雪崩《なだれ》が面白くってね。私もここに20年いるけど、初めてだったんですよ。ホールの屋根からテラスまで雪がズズッと落ちてくるんですが、縞模様で落ちるの。一番目の雪が横にダッとおりると、2番目が段差で続いて、3番目がと、次々に来るわけ。みんな勉強なんかもうそっちのけですよ。いつそれが来るかと、こんなの今まで1回も見たことがないもんだから。こんなときは算数やるよりもそれを見ているほうが大事だと思ってね。そんなときは、吹きっさらしのテラスのことを、「今日は一番いい席にいてよかったな」と思って、喜んでますよ。ほんとの雪崩もあんなふうに起きるんでしょうね、なんて言いながらね。

やわな子

「いなほにも、やわな子なんていないるんですか」って聞かれるんですけど、いっぱいいますよ。もちろん卒園するときには、どの子もしっかりしてそれなりに全部できるようになって出て行きますけど。

人間だったらできる。人がやれるんならやれるはずという感じがあるから。ただ、得手、不得手や、その子その子でいろいろがあるからね。この子だったらこれが得意かなとか、そのことを引き出してあげると後につながって、できちゃうんですよ。それでも、走るのは得意だったけど、絵なんてどう見ても、逆立ちしてもわからないような絵を描いていたという子が、芸大へ行っちゃったりとか、本当にいろいろね。

私、決めつけちゃだめだなと思ったんです。

人間はいつどこで、その人の才能が出てくるかわからないし、歳をとった方を見て、すばらしいものなんだなと反対に思わされていますね。

だから、何かできていなくちゃいけないとか、何をやっているのとかは、どうでもいいんです。別に今、芸大へ行っていたって、その先にそれでどうなるか、まだわからないんですから。みんな60、70歳になったってわからないからね。

子どもたちの成長を見ていて、一番教えられたのはそれですね。

思いがけないところで、花が開いていますね。思いもかけないことが起きるから、突っ張らないで済みますね。この子たちをこうしなきゃいけないとか、こうなるんだとか、それはしちゃだめなんだと、決めつけることはないいんですね。

10年間の目線

「いなほ」には、「いがぐり」までの園児のクラスの他に、学齢期のけやき組があって、他にも小学生以外もいるでしょ。これだって私が計画してそうなったんじゃなくて、そのたびに持ち込まれたり、生まれた問題を、どうしたらその子に空白を作らずにあげられるかっていうことから自然にそうなってきたんですよ。

前もちょっと話した情動行動の多いユウマ君も、自分にフィットするものが来なかったら、騒ぎまくってとまらないというぐあいだしね。もうみんなすさまじいですよ。

ユウマ君は学齢では小学校の5年生。カズヤとシュンと同じ。背は、カズヤよりも、シュンちゃんよりも大きいんですよ。アイちゃんと同じぐらい。

ユウマ君はどっかでアイちゃんを仲間だと思っているらしく、アイちゃんには危害は加えないし、アイちゃんには寄り添っていって、することは見てますね。

ユウマ君は自分で貼った絵を、お台所に行って調理の人に褒《ほ》められたらすごく気をよくして、お台所に自分のコーナーをつくって貼っていくんです。みんな自分の存在を示したいんだなと思うんですね。職員がそういうことをパッとわかって対応してくれれば、その子はしっかり受けとめて伸びていくわけです。

セッセセッセと貼り絵をやっちゃ貼っていくんです。その都度、貼り方や選んでいる紙や色彩が違うんですよ。

あの子はずっと黄色い服です。本人の好き嫌いも多少あるかもしれないし、最初のころ、万が一のときに黄色は目立つから、お母さんが意図的にそういうふうにしたのか、それはちょっとわからないんですね。ただ、これからだんだん自主的に本人が決めていくだろうと思うんですけどね。

お昼に一口目のご飯を吐き出しましたでしょ。どこかで、脳の中で一致できないものがあるのね。それで、飲み込むとき、のどにひっかかるんじゃないのかな。以前、骨か何かがひっかかってアクシデントでもあって、それがよみがえっちゃうのかなとか、いろいろ思ってずっと観察しているんですけど、どうもそうじゃないみたいですね。ああいう子たちというのは、情動行動といって、一つ何かにひっかかっちゃうと、ある種のにおいばかりをかぐとか、さわったりとか、いろいろあるんですよ。

そういうものの一つなんじゃないかなと思って、直させるということよりも、違うエネルギーに切りかえていくようにすればいいかなと。

「けやき」のカズヤとかシュンはそういうことがわかるから、ユウマ君が暴れていると、今これがしたいんだなと思うと、スーッとどこかから来て、「はい」と用意してあげるんですよ。絵を描きたいんだなと思ったら、いすと机を用意して、「ここへ座りな」と言うんです。

今、次の段階にどうしようというので、会議をやってます。「けやき」の子の場合には心で園の中における自分のポジションを作れるけど、ユウマ君はそうはいかない。で、専用の戸棚を作ってあげたんです。そこにユウマ君のものは全部あるから、自分はそれを出して、使うんだと思えるようにしました。

今までわざわざ作らなかったのは、あの子がなぜ暴れたりしているのか様子をずっと見ていたんです。それで、落ち着くことから始めたほうがいいからと考えて。

そのうえで、こうやって描いてみたいとか、そのために物が欲しいとか、そういう要求をたくさん持っているから、そういうものを固定してあげたほうがいいんじゃないかなと。

勝手にこっちが固定しちゃうことは、健常児もみんなだめなんですよ。これは共通です。重度の障害があろうと、健常児だろうと、ね。

だから、1分1秒でも目を離したら、いつの瞬間にその子のよい本質が出るかわからないんだから、見失っちゃいけないよと、しょっちゅう職員には言ってるんですが。

アイちゃんが今のように落ち着くまでに、10年かかっているわけです。アイちゃんの中からそれを引き出すチャンスを見つけて、たいていのことができるようになるまで。いつどこでどう変わるかわからないんだから、その瞬間を逃さず知ったためにできるようになったんです。

アイちゃんは、こちらが言っていることは聞き取れるの。聞き取って、返すこともできるけれども、それを音声として出すことができないの。だけどだんだん、少しずつだけど返事を音声で出すことができるようになってきているんです。

ある日突然言ったんです。1回言えたら消えちゃうんじゃなくて、少しずつ着実に増えているんです。例えば一語文だったのが二語文で言えるようになったり、確実に量は増えているんです。

あの子は全部しゃべっているんです、本当は。それを一番つかめるのは、私だから、あの子は私ばっかり見ているわけ。私たちは顔見て会話してるんです。この子は今こう言っているんだなと思うから、それに対して言葉と行動で返してあげるわけね。

例えば今日だと年長さんの縄跳びが、三学期だから勢いがすごいわけですよ。そうすると自分もそうしたいわけ。誘われちゃうわけね。それがいいんですよ。その勢いに、潜在しているものがヒュッと飛び出ちゃうんですよ。そうすると、少しでも早くやってみたい、早くやってみたいって。うれしいことは共鳴したいんですね。それで、私を見てにこにこ。「アイちゃん、走るのよ。もっと走って。もっと走って。もっと走って」と言うと、「もっとやりたいのよ」と向こうは言ってきているから、「もっと走って。もっと走って。あなたが本当は言いたいのはそれね」というので言葉で返すわけですね。アイちゃんの返事は表情です。表情は一番です。

そうすると必死になってスピードを上げようとするわけですよ。そして、嬉しいから、1周終わってもまたやっているわけ。ここが重要なんですよ。1周でも2周でも3周でも、とまらないというのが出てこなかったら伸びないです。1周やって、はいよくできましたなんていうのはだめなんです。

ですから、職員会議で、アイちゃんも10年かかってここまできたから、ユウマ君も10年ぐらいのめどでやっていくんですから、着実に重ねるということを大事にしてやってくださいと言うんです。

一番うれしいのは、歳をいっても伸びていることです。アイちゃんは25歳。普通ハンディを持ったお子さんというのは、20歳が成長のピークで、あとは落ちていっちゃうんですよね。ハンディの重い場合には命が落ちることもある。アイちゃんは着実に伸びてるでしょう。だから、奇跡に近いぐらいなんですね。それはやっぱり私たちが苦労して積み重ねて、積んでいたものがあったからだと思うのでね。

今はおうちで、お茶碗を並べたり、お父さんとお母さんにも、ちゃんとよそってあげたりね。お母さんがいらいらしていると、怒っちゃだめみたいにお母さんを表情で諭《さと》すわけね。職員がいらいらして、きりきりしていれば、来て背中をなでてくれたりね。自分がしてもらったことをしているわけですよ。私たちが、アイちゃんが苦しくて、どうすればいいのかわからないときに、とにかく気を長くして待ったりさすってあげたりしたことを、ちゃんと獲得しているわけですよね。しゃべれないもどかしさというのはもう超えたんです。最初は大変だった。だから、ユウマ君が今、その時期で大変なわけ。言いたいことやりたいことが伝わらずにじりじりしてきちゃうわけ。


今年は3月に卒園する子が26人います。でも、赤ちゃんからの入園希望の子が多いので、それが嬉しいんですね、赤ちゃんから保育できることが一番です。

産まれている人と、これから産まれる人の希望もありますけど、赤ちゃんが多いので、見通しが立つんです。6年間いるということは私たちも自信を持って育てられるし、「いなほ」の希望ですから。

16

私の子ども時代が礎《いしずえ》

（3月）

3月17日午後4時、いなほ保育園のホール。北原先生のピアノに合わせたリズムの活動を終えた「いがぐり」の子どもたちは、さあ、次は本を読んでもらえる時間と、先生の前に座って待っています。

北原先生はといえば、子どもたちの前に座り、話をする前に一息いれるかのように、もう一人の先生に肩から腕へと揉《も》んでもらっています。いままでそんな北原先生を見たことがありませんでした。あとでうかがったところでは「ピアノを長時間弾くと、疲れを一度外に出してしまわないと、だめなんです」とのこと。

ふだんでも多忙な先生が、卒園式前のこの時期は、卒園する子どもたちの可能性を花開かせようと、リズムの時間を十分にとる一方、読み聞かせた本の物語の中から、感激した場面を子どもたちが絵に描く手助けをするなど、いつも以上に手をかけた保育をすることは、2年近く北原先生からお話を聞いていて、わかっています。睡眠時間も短くなっているはずです。

先生は、この連載の聞き手の塩野さんとほぼ同年齢の団塊世代。年齢から考えても、かなりの疲労を感じられているはずです。

それでも先生は、子どもたちが卒園に向けて作成しているアイヌの模様を刺繍した布の出来具合を見て、一人一人に、具体的にアドバイスをします。ハンディをもった子どもを「いなほ」に預けて、その子を迎えに来たおかあさんに、「○○ちゃん、筋肉がしまったわね。あっというまに2~3キロ減ったわね」と話しかけます。

保育後は、卒園式に配布する小さな冊子用の文章を書いたり、招待状へ一言書き添えたりという仕事が続いていくに違いありません。

自分の肉体を削っても、この卒園の一瞬の時期にしかでてこない子どもたちの力を、花開かせることにかけている北原先生。その保育のベースにある基本的な考え方を今月はあらためてうかがいました。

春の授業

3月30日が卒園式ですね。今年は小学部(けやき組)からも初めて卒業生が出るんですよ。ウララちゃんは今、6年を卒業するまでの日々を一生懸命過ごしてますね。この後どうするかは私も話もしないし、向こうも話もしない。卒業のその日までは、それに向かうのみだから、いいんですよ。

多分、来期は「けやき」にいがぐり組26人のうち7人が入るんじゃないかな。

「けやき」は立ち上げてから3年が過ぎましたが、毎年勉強方法が変わっちゃうんですよね。子どもが違うし、スタートもみんな違うから、そうなりますよね。私は「けやき」が面白くてしょうがないんです。

子どもってこんなにも勉強が好きだったんだって、大発見。すごいことですよ。

押しつけられることは嫌いだけど、勉強は嫌いじゃない。勉強はもう、したくてしたくてたまんないんですね。だから何をすればいいかを探せばいいだけなんだけど、それがなかなか見つからないんですけど、ヒットしたときはいいですね。

人間というのは、押しつけられるということはすごく嫌な動物なんですね、きっと。

春を感じることを、いっぱいみんなつかみとっているから、今日の授業は、何でもいいから

「は」の字のつくことから始まる文章を書かせたの。

　最初のころは、小学1年生に「あいうえおの字のつく言葉を何でもいいから好きなものを言いなさい。ただし、他の人と重なってはいけない」というのだけをルールにしてやったんです。どんどん書いていっていいよと言うと、みんなこぞってやるんです。結構あるものですね、その字のつくものが。私がすごいなと思うのは、そういう提案をした瞬間にみんな書くんです。もう、ぱっと。集中力があるからですね、すぐに飛びつけるの。普通のお子さんはあんなには出ないと思いますよ。

　頭の中で、自分の宝箱をあけたみたいに、今まで過ごしたり感じていたことがばあっと出てくるんです。そして今日は、年齢が大きくなったから「言葉じゃなくて、文章にして」って言ったんです。

　もっと年齢の上の子には「春の鳥と春の魚をわかるものを全部書いてみて」と言おうかと思ったんですよ。男の子は動物好きだからね。そしたら、私が朝来たら、もうみんな魚の名前書いてるの。それで「今日おれたち勉強しないからね」って言うの。

「和子さんも実はね、こういうことをしようと考えて来たの。半分当たってるね」って言った。考えていることが見抜かれるんですよ。

「わかった、あんたたち、今日それを授業にすればいいじゃない。何個でも好きなだけ書けば」って言ったら、驚いたことに、5年生のカズヤは魚だけで59個かな。シュンが、54個かな――それだけ書いた。

それで私が笑ったの。「あんたたちさ、字はあんまり上手じゃないのに、好きなものを書くときは字が上手になるね」って言ったら、ニタッと笑ってね。

自分が関心のある字は、非常にきちんと書くんですよ。

「けやき」の子には、クリスマス会でのサンタクロースからの贈り物は国語辞典だったの。だけど「いなほ」は、あんまりお金がないから、小さいので済ましちゃったら、やっぱり子どもたちは、あんまり使わないの。みんなやっぱり自分の好きな辞書があるんですよ。どこからか辞書を持ってくるの。私があげた辞書は、一番ちっちゃい国語の辞書。薄くてちっちゃい。そのくらいなら、どこ持ち歩いてもいいかなと思ってね。

「いなほ」にも大型の辞書何冊かはちゃんと置いてあるんですけど、子どもたちは自分たちで自分の気に入ったのを見つけてきて、それで、今日は魚の名前を辞書で探すんですよ。ある子は魚の事典を見たり、ある子は魚だけの図鑑のちゃんとしたのを持ってきてました。ある子は国語の辞書だけで調べているんですよ。

3年生の子だけど、自分で浮かぶ限りの名前を全部、国語の辞書で調べている。だから魚や鳥の名前、植物名が音から入ってるわけね、自分の頭に。「さんま」「さけ」とか日頃聞いている名前でしょうね。それで探していくんです。みんなそれぞれのやり方で一生懸命ですよ。ああいうことが好きなんですよ、みんな。

それで、漢字にして、この魚は何だって、逆に私に聞くんですよ。中にこんな字があったんですよ。

「泥鰌」。

私はわからなかったから、「泥の中に潜ってるものって……なんだろう」って言ったら、「へえ、和子でもわかんないか」ってやられちゃってね。

朝来たときから、みんなね、英語の暗記で使う小さなカードみたいに、紙をちっちゃく切って、そこに魚の名前書いてるんですよ。

アスカちゃんは2年生の子。まだほとんど字なんか勉強していないのに、「は」の字のつく文作りをやったら、「春にはいろんな花が咲いて……」とか書きながら、それで最後の結びがね、「世界じゅうにはきっといろんな花が咲いてるんだろうな」って、こういくんですよ。

こういうのがごく当たり前なのね、自分の身近なことから考えをめぐらしながら、そういうところへシューッとね。私、もうジーンときて。

ミカちゃんは、1年かかっても「あいうえお」がわからなくて、みんなが、どうしたらミカちゃんわかるだろうって心配してたんですが、今はもう掛け算なんか何桁のもできるし、今日の「は」の字のつく授業が始まったら、ミカちゃんの結びは「春のいろいろな花はてんぷらにしたらおいしい」とか、いろいろあるんだけど、最後は「春は、ものみな動物たちが動くときだ」って。何かもうね……知識というか感覚ですよね。だから育った幼児期の感性が、文字にしたときに出てくるんですね。

だから、私はほかの人が「けやき」について何と言おうといいわと思ってるんです。

一生懸命書いたものを持ってきて「これでいい?」って言うから、「いいよ」って言いながら、読んでると、ものに感じ入る子どもたちの感性がじんじんと伝わってくるんですね。そういうのは、やっぱり心にしみ入りますよ。何か胸のこの辺にこみあげてきそうになる。そんなの子どもたちには見せないようにしてましたけどね。

全部とは言いませんが、そういうのが子どもたちの書くものの中にぽつぽつと出てくるんですよね。

いい感覚だと思うんです。

今からメダカが動き始めて、川で魚や生き物が動き出すんですよ。オオイヌノフグリとホトケノザが咲き出して、ヨモギがちょいと出て、ツクシが顔を出してきたなってなったら、もう心がうごめくんですよ。

そしたら男の子たちの気持ちは魚のことばっかりになる。これはほんと大事なことだと思うんですよ。魚の名前をそんなに言える子は普通はいないですし、季節をちゃんと感じ取っているんですから。そういうのがないと、いくら作文を書けったって、どこかで覚えた文章を書くしかないからね。

辞書は3種類をあげたんだけど、やっぱり、たいしたものだなと思ったのは、子どもは字は小さくても、難しい辞書のほうが好きなんですね。とにかくそれを持ってくるんですよ、勉強の時間は。勉強しない子たちが博士みたいに、一生懸命辞書を持って来るんですよ。

その辞書で調べてもまだわからないときは、うちへ行って調べてきなさいと言うと、みんな重たいのに大きな辞書を持って、朝、来るんですよね。そういうのを見ると、やっぱり私も、なまじ変なことをするより、子どもたちが自分から辞書を見ることは、すごくいいなと思いますね。

卒園のアイヌ刺繍

毎年、卒園の子たちがアイヌ刺繍の着物を作ってます。みんな独創的なんですが、布が大きくなるとアイヌ模様って難しいんですよ。「いがぐり」の子たちのは模様の基本単位でやっているので楽ですけど、6年生卒業のウララちゃんが着物全部に刺繍して、総柄のものをやっているのね。卒園式の日に見ていただくけど、素敵なのができつつありますよ。

ウララちゃんは「けやき」に4年生ぐらいから来て、4、5、6年だけここでやっているでしょう。それまであまり学校に行ってなかったわけでしょう。だから、ほとんど勉強をやっていなかったわけ。

だけど、他の人はあんな素敵な刺繍を、普通はできないと思うけど「けやき」のウララちゃんだったら、総柄の刺繍ができるんだなって驚いたんですよ。

複雑な模様を見て幾何学的展開図が読み取れるんですね。アイヌ紋様って幾何学みたいなものじゃないですか。一番基本の形がわかれば、それが全部広がっているわけですよね。それを見つけられるんですよ。

私、自分がわからないから「この形はどうやって、基本の形からとってくるんだろうね」って聞いたら、「ウララはわかるよ」って。ウララちゃんはぱっとわかるの。遠近でものを見たときに、すぐそばで見たものはどういうふうに見えて、遠くの奥にあるものがどういうふうに見えるかって、ウララちゃんなんかはそういうとらえ方で見るわけね。そういう知恵が育ってるんですね。

いくら幾何学やったって、算数やったって、全然応用も利《き》かなきゃ、やってないのと同じですよ。だけどウララちゃんはわかるの。

私は、ものはみんな、実際に見えてつかめることが一番大事だと思うから、これでいいと思っています。

その刺繍のための糸選びでもウララちゃんを東京のお店に連れていったの。そこは店全部が刺繍糸なんですよ。グリーンだったらグリーン系の糸が30色も50色もあるんですよ。質もピンからキリまである。この子だったらそこまで育ってるはずだと思ったから、「あんた一人で好きなのを全部選んでおきな。和子さんは違うところで、『いがぐり』用のものを探してるからね」って。そこがもうきわめなの。どのくらいのものを選ぶか。選ぶって大変ですよ。感性ができていないと選べないですよ。

そうでなかったら、1色で50種もある中で、どれにしようとか、あれさわって、これ引っ込めして迷いますよ。でも、もうきちんとイメージが持てる子は、スッスッ、スッスッ、棚から糸を引いてとっていくんですよ。ウララちゃんもそう、何のためらいもなく選んでいくし、その色がまたいいの。

卒園式にはぜひ見てあげてください。

今ちょっとずつなんだけど刺繍をやってるから。ちょっと見ただけでも感服しちゃって。やっぱり、これまでいいものを見せといてよかったと思いました。韓国に子どもたちと行ったとき(編注/「秋は踊りと音楽」の章参照)、重たい何万円とかっていう伝統的なデザインが収録されている博物館にしかない素敵な本を買って、日本に持ってきたし、博物館にも行ったりして、子どもたちに本物を見せておいてよかったなと思って。

そういうことをいろいろ積み重ねていって、いろいろなことが動いていくわけだから。親にすると、「何で韓国なんてそんなところへ高いお金を出して連れてくの」とかいう思いもあったろうけど、だんだんわかってきてくれてると思いますね。

見せ物のために作品を作っているんじゃないんですね。その子の今の能力が一番発揮したいものを作るんですね……みんなすごくいいんですよ。

そうやってみんな大きくなっていくんですよね。

卒園の子の発表には、読んであげた本の絵もホールに飾ってあるんですよ。これも素敵ですよ。これだって、説明の絵じゃないんですよ。ちゃんと物語を理解して感性で描くんです。

今年は面白かったのが、ドリトル先生の本を読んであげたら、みんな「けやき」の子の影響を受けて、釣りへの関心が強いんですよ。今までの子は、関心があるのはアフリカを見つけるためにに何をしたとか、お話そのものの場面だったんだけど、もちろん今年も航海してるところの絵もあるんだけど、ドリトル先生が乗る船で釣りをしてる絵があるんですよね。面白いなと思って。かわいくて、ものすごい実感があって、躍動感もあるんですよ。

私の基準は自分の子ども時代

私の基本は2つあるんだけど、大事なのは自分の子ども時代というか、本来の日本人が生活していたやり方ですね。

もう1つは、嫌でもこの世界で仕事をしていくと、屁理屈《へりくつ》がありますよね。人間とは何だろうかとか、赤ちゃんをどう育てたら、世に言う「全面発達」をして豊かになるのかとか……。

さらに、ある時期からどこの保育園も最低基準で1割は障害児を受け入れるということになった。そうなると、発達の筋道というものについて、これは教育の分野も、医師会のほうもちゃんとした意識を持たなくちゃというふうになったわけです。

「全面発達」というのは、一世を風靡した言葉なんですね。

障害のある体や心で生まれてきた子どもを、どうしたら育てあげることができるかという保育理論が求められ、それから専門分野の医学界のほうでも、そのことがテーマとなった。

そして、両者のいろいろな議論や研究があって、求めるのは「全面発達」だと。

障害がある場合には、ある一つのことばっかりやるパターンとか、自閉的な傾向の子どもたちとか、いろいろそういう子たちが増えてきたものですから、この勉強をしないで、この道は誰も通れないというふうになったんです。

私たちの先駆者はみんなそういうことに気がついていたから、セガンという人は、フランスで「知的障害者は人間ではない」という扱いをされたときに「決してそうじゃない。やっぱり人間としての発達の筋道を通っていけば、人間として育っていく」と言っていち早く研究発表しました。

障害のある子どもたちに出会ったとき、時間はかかるかもしれないけども、手順さえ踏めば、人間の発達していく筋道をとらえ、個々をしっかりふまえ保育に向かえば、人間は人間の中で成長発達していけることを知りました。

こういう仕事をするには、どうしてもそういう基盤がいるんです。そういうのを全部勉強しなきゃならないんです。やっぱりその辺のところはまだまだ、うんと勉強していかなきゃならないところのことなので。

今のお母さんたちは私たちの子ども時代のことは誰も知らないですね。でもね、私は思うんだけど、育てられ方は違っていたかもしれないけど、絶対心と体の中にやっぱり親はそういうものがあると思いますね。名残としてある。情緒や、もうちょっと言えば感覚ですよね。感覚、感性、そういうものは触発されれば必ず表に出てきます。まだまだ思い出せる範囲で心の底に持ってると思うんですね。だから、要はそういう持っている、隠れているものに対面できるかどうか。対面したら、「あっ」と思ったり、どこかに「はっ」とさせられることがあると思うんですけどね。

不思議なんですけど、ここで子どもが育っていくと、多くのお母さん、お父さんが穏やかになると、どっか日本の情緒的な流れになっていくんですね。

私は自分の子ども時代はこういうもんだったよって、親たちに話すことはないです。そんな時間がないですね。もう対面している子どもとどう過ごすかで精一杯です。

今日「入園します」って来た人たちも言っていたけど、みんなここに来ると、「50年前にタイムスリップしたみたいで、目が生き生きしてる」と。親御さんは皆さん30代ですから「あなた、50年前に生まれてたの」って聞きたくなりますけど、ね。だけどそういうふうに言うということは、若いお母さんの情感のどっかにそう感ずるものがあるんですよ。

どうでもいいんですよ、50年前でも何十年前でも。

多分、近代化していなくて、きれいじゃないということだと思うんですね。

なのに目だけがキラキラしてるから、どうしても気になっちゃうんだと思うんですけどね。子どもは変わりますから、親も少しは変わるんです。卒園式の日に親御さんの様子を見てみてください。親が若くなってきていますから。

今年入ったタマコちゃん、すごい元気になってますよ。あんな顔になるんですよ。ほんとに。何回も皮もむけたし、筋肉も締まったし、しゃべるしね。お友達の肩を抱いてたでしょ。ここに来たころはこれ以上ね、ためらいと引っ込み思案はないというぐらいだったんだけどね。

かなり前にお話しした、ガチョウに突つかれた子(編注/「小学生になる子どもたちへ」の章参照)はね、相変わらず波瀾万丈ですよ。それでも私はふっと気がついたんですけど、お母さんの顔が10歳ぐらい若返りましたね。お母さんも意識してないと思います。だけど、お家に子どもが帰ったときに持ち帰るオーラみたいなものがあって、それに照らされながら、ああなっていくんですね。

だけれども、よく嫌に思わないで来てくれるなって、それが本音ですね。職員もそうですよ。私は夢中でやってるけど、みんな日曜祭日も来てるわけでしょう。朝から遅くまで。今だと卒園式前だから帰るのだいたい11時、12時でしょう。だれも余分に給料寄こせとも言わないし、こんな働かせるんじゃ嫌だとも言わないしね。

こんなとこ、日本中にあるかしら。こんなきつい労働のとこ、考えられないでしょう。でも、後ろを振り向けば、今日もついてきてくれてる人がいたっていう感じ、ほんとそうですよね。だから私もいつも自問自答しているんですよ。

私はこれしかできないでしょ、27年前から型破りでこういうスタイルで始めてから、もう30年近くたっちゃうわけですよ。

よく皆さん来てくれるな、よくつぶれないでやってこれたなあと思いますよ。私は私のやり方しかできないんです。これよりいいものはないんだという自分の感覚があるわけでしょう。私が育ったときに受け入れちゃったものというのは、抜こうと思ったって抜けないわけですね。ゼロ歳なんて記憶もないでしょうね、どの人も。けれども、記憶はなくても感覚にどっかにあるんだと思うんです。だから、私は自分が幼いときからずっと培《つちか》った、心地のいい、嬉々《きき》としたことを今もやっているにすぎないんですよ。全くそれだけです。

これはなかなか人には説明できないですね。だから嫌がられちゃうんですよ。

説明しようと思うと、「全面発達が何の……」という言葉になっちゃうんですよ。

だから、もしそうじゃなくて、私が生まれてすぐ親から引き離されて、きちんとした保育者のいない施設のベッドにずっと寝かされて、哺乳瓶だけ口にあてがわれて育った子だったら、それはやっぱり……私の経験からすると、違ったと思いますね。そういう子でもあったかいお布団はいいなというのはあると思います。けれども、懐に飛び込んだような思いだなとは感じられないと思うんです。そこなんですよ。そういう感覚や感情が培われちゃうのがこの時期なんです。

ゼロ歳児というのは大切な時期なんです。そのときにどう育つか。ゼロ歳なんてへんな言葉ですが、専門用語なんですね。それまではゼロ歳保育というのがなかったから、始めるに当たってゼロ歳というのが出てきたんです。実際にはゼロ歳じゃなくて「あの子は何ヶ月」って私たちは言っています。

でも私は、ゼロには、どれだけ多面的なものがそこに含まれているかって思っています。ゼロは何にでもなり得るし、そこにはものすごいものが詰まっています。言ってみれば、全ての震源地みたいなものですね。

そういう意味でゼロというのはすごい大変なものですからね。

その時期をどう過ごすか、それによってたくさんのことが決まってくるから、環境や育て方というのはとっても大事なんですね。そのことがあって、ゼロからやりたいから、「いなほ」を始めたんですから。その基盤になっているのは私の子どものころですよ。

17

「いなほ」に中学部！

（4月）

5月12日午後4時、「いなほ」のホールでは学齢期の子どもたちのクラスけやき組も交えてのリズムが繰り広げられています。ピアノは、もちろん園長の北原先生。

リズムの時間に子どもたちを引っ張るのは、まだ若い保父さんです。北原先生のピアノに合わせて体育の先生さながらに、全速力で走り飛び上がるので、学齢期の子どもたちは彼に追いつこうと、みんな真剣です。

そのすぐ横のスペースでは、やっと一人で立ち上がることができるようになったくらいの年齢の子どもたちが、まだお昼寝しています。ピアノの音や子どもたちの駆け回る音など、ものともせずに熟睡しています。

一人の子どもが目覚めて、よちよち歩きだしました。その子のお姉さんでしょうか。ホールの外から入ってきた5歳くらいの女の子が、にこにこしながらそばに来て、その子を抱きしめて、頬ずりしています。

50歳くらいの保母さんが、泣き出した子を抱いてあやしながら、その様子を見ています。子どもが子どもを抱くのですから、少し危なっかしいのですが、なんにも言いません。

園庭にある動物たちの小屋の周囲を、北原先生のご主人でもあり、子どもたちから「キンタさん」と呼ばれている先生が、掃除をしています。ヤギが鳴き、大きなイヌが4頭寝そべっています。

ホールの前のテラスの柱には、「いなほ」の畑でできたサクランボの大枝が2本、赤い実をつけたまま飾られています。子どもたちが、私たちに「1個なら食べていいよ」と言いながら、自分たちも、もう少し食べたそうな様子です。

こんなふうに、「いなほ」では今日もいろいろな時間が流れていきます。子どもたちが、1日のほとんどの時間を生活する、いろんな年齢の大人がいて、いろんな学年の子どもたちがいる、そして動物も一緒にいる雑多な「社会」として「いなほ」は存在しています。現代にこの「雑多」という要素がいかに大事なことか、この連載を通じて改めて思い到りました。

最終回のお話でも、その重要性を再度うかがうことができました。

中学生

この連載も17回ですか。早いですねえ。3月30日が、連載を初めて2回目の卒園式でしたね。今年は「いがぐり」の卒園児の他に小学生クラスのけやき組のウララちゃんが卒業でした。そしてもう新しい日々が始まってます。今年はけやき組に、卒園した「いがぐり」から7人入りました。

中学部をどうするかは、もうそのときが来るまで誰も話題にしませんでした。親も子どもも、私も。お母さんとウララちゃん本人を呼んで話し合ったのは、中学校の入学式の前日ですよ。ウララちゃんは、「いなほ」を卒園して、小学校3年生まではあまり学校に行かないで家にいたんですよね。残りの3年だけここへ来たんです。それで今度中学入学だった。本人とお母さんと私とはそれぞれ思惑は全然違います。

ほんとうのウララちゃんの心をしっかりつかむのは大変ですね。もう中学期になると、表すものと表さないものってあるんです。人間というのは絶対そういうものがありますね。あるがままの姿とはいえ、おしりやおっぱい見せて歩いている人はいないでしょう。それと同じように心にも見せるものと見せないものって必ずあると思うんですね。全部さらけ出してるなんて、そんなの嘘だと思いますよ。中学生になる年齢になれば、表さないものはありますよ。そこまでの人生の歩みの中でいろんな善し悪しや、しがらみもみんな背負うわけですから。

ともかく、お母さんが見抜いているのと、私が見抜いているものとはちょっと違ってましたね。だから結果的にはウララちゃんが自分の道を決めたんです。

ウララちゃんは、もう当然中学生になってもここに来ると思っていたんですね。だから、その日呼ばれたのも「ここでやろうね」っていう意味だと思っていたら、そうじゃなく、意思確認だったということで、本人はすごいショックだったわけです。

お家に帰ってから、お母さんに「何で先生はあんなこと聞いたんだろうね」って言ったそうですよ。彼女は、和子さんがきちっと考えた中学生をやらしてくれるだろうと、疑いもなく思ってたんですね。それがウララちゃんが選びたい道だからね。

でもね、私は卒業の区切りははっきりしたかったんです。やっぱり大変ですよね。中学の3年間、らしいことをして、この子を出せるだろうかって考えますよ。

私は、一回外に出してみたかったですけどね。

そんなわけで、ウララちゃんはここに来ることになりましたから、4月から中学部が新しく始まりました。けやき組と同じ部屋に入るんです。授業もまた全部一緒にするわけですよね。ですから「いなほ」には今年から園児の他にけやき組と「中学部」、アイちゃんの「専門部」とあるんです。どんなにあったっていいんです。ここでは園児もけやき組もみんな生きることを学習するんですからね。

人間というのは憧れるもの、自分がそれをしてみたいということがないと発達というのはしないんだなって思います。そういうものさえあれば、人間というのはどんどん学習するし、したくなっちゃうんです。無理矢理させられるから勉強が嫌になるんです。けやき組の子を見ていると、言わなくても、みんな学習しているの。学習したいんです。

私は、教師でもないし、すぐれたとこは1個もないから、非常に心配はあるけれども、でも、それより以上に、子どもが自発的に発信してきて学んでいるから、それがどうやってもっと広がっていくか、進むのだろうかということだけを私は考えてるんです。

本人が走っているときには、もうちょっと滑《すべ》りがよくなることだけを考えますね。「いなほ」に小さいときからいる子の、学習したい発想、創造性、保育年数と家庭でどう扱われてきたかなどはかなりわかるから、やれるんでしょうね。

けやき組のことで学校が指摘してくるのは、「好きなことだけやってるんじゃだめだ」ということです。私は学校に行くたびに言われるし、親も学校から言われるんですね。でもね、子どもはそんなばかじゃないですよ。そんなね、好きなことだけやってなんていないですね。それより以上にもっともっとね〝物を知りたい〟と思っていますよ。

昔の子どもは遊んだんですよ。その遊びがどれだけ感性を豊かにしたか。そういうことが今の教育からは抜けてしまっているんですね。

憧れが人を押し進める

緑が美しいですね。あれと同じで、新緑のころのエネルギーはすごいんですよ。何かもう知りたい知りたい、やりたいやりたいというすごいエネルギーなんです。もうどうしたらいいんだろうというぐらいね。

今、カズヤたちはついに蚕《かいこ》の越年性の卵を山のように〝けご〟にかえしている毎日です。2時間おきで桑の若葉をあげて育ててますよ。授業中も時間がきたらさっさと葉をあげに行くの。休みの日も男子で、ローテーションを組んで、2時間おきに来て、あげてます。自然のままのことを当たり前にやっている。人も樹も虫もみんな同時に、今あるべき調和でエネルギッシュな日を過ごしているんです。

これが今の学習です。

こうして一緒に見ていると、本当にだめな子なんていないと思いますよ。

アイちゃんは生活年齢からすると思春期を超えたもう大人のランクに入っているわけね。発達年齢だとまだ不足なものはいっぱいあるけど、在園の子とけやき組の両方を見られるから、自分がやれるものを両方からすくい取っていくというのが、すごくよくわかるんです。

やりたいことを見つけて、自分でやっていくんですよ。

それがやりたいという気持ちですよ。それを起こさせるものが在園にもけやき組にもあるんですね。それをみんな見つけていくんです。一番はああなりたい、ああしたい、あんな素敵な物を作ってみたい、あんなふうに魚を獲ってみたい、木登りができたらいいなあという憧れです。作文やなんかだってそうですよ。だから、周りに憧れがあれば、先生は要らないんですよ。もうそれがただやりたいだけで、やってっちゃうわけね。

そのことでアイちゃんには驚かされました。

卒園式の前日にわかったの！　アイちゃんは、けやき組の女の子全員がやっていた手提げ袋を作りたかったんですね。そのためにどこにその布があるのか探したわけ。あの同じ布でやりたいって目標を持ったわけね。憧れですよ。

その布をどこで探したのか、どの先生も知らない。だけど、本人は意思と目標があるから、ちゃんとそれにふさわしい大きさの布を拾ったんですよ。それで、半分に折って横を重ねて縫えば袋になるんだというのを知ったんですね。誰もそんなことを教えてませんよ。けやき組の子どもたちがやるのを見て、自分で考えてやったんですよ。

前日に、卒園生の作品を展示するときにアイちゃんが袋を作っているのに、私はやっと気がついたわけ。その前にアイちゃんは私には言いにきていたんですね。言葉は話せないから「ああ、ああ」って、「見ろ見ろ」と言っていたわけですね。でも、私は他のことで頭いっぱいで、アイちゃんには他の課題を決めちゃっていたんです。それがまるっきり壊されたわけ。

何一つ手をかけられないで、とてもそんなことはできないほどの障害があるアイちゃんが、そこまでをしたんです。針と糸をもって、物を縫ってね。これはかなり発達しないとできないことですよ。

誰に面倒見られなくても、自分で自分の卒業課題を決めて完成したんです。

それは無からはこない。やっぱりけやき組がいて、園児のみんなが羨望《せんぼう》するような作品を作ったから、そういうものが学習意欲になる。やりたいという気持ちは人を育てるんですね。

多分、お医者様たちから見ても画期的な出来事ではないでしょうか。憧れるものがあること。希望と憧れとね、やりたいというものはね、誰にでもある。そのものがあれば、あとはそれを起爆剤に力を出せるか出せないかの問題だけなんです。

けやき組が教えてくれたこと

今日けやき組と園児が一緒に鬼ごっこをしたとき、「けやき」の大きい子たちは、下の「やまめ」(4歳児)や「いがぐり」(5歳児)の子にちょっかい出すんですよね。からかってみたり、いたずらをしたりするんですが、それが小さい子にとってもいいんですよ。

例えば、しっぽをとる鬼ごっこをやってるでしょう。そうすると、「けやき」の子が側を通るちっちゃな子のしっぽをとっちゃうわけね。するととられた2歳ぐらいの子でも、すぐそれを拾って、自分で一生懸命シャツとズボンの間に入れ直したりするんです。喜んでやってる。やってるほうもやられているほうも遊び心なんですよ。それで、今度はとられないようにしようとか、やられてもまた入れるとか、ああいうところで育つものがあるんですね。

見てたら、あれが子どもの世界の自然なことだったんじゃないかなって思いましたね。いたずらしたくなるのも愛情のうちだし、大事なことですね。

こういうのは園児だけのときより、けやき組ができて広がってますし、枠が大きく豊かになってますよ。これって昔の大家族の姿だし、健全な時代の子どもの社会じゃないかしら。

だけど、けやき組のいたずらっ子たちも障害を持ったユウマ君にはまだそういうことはしないんです。ちゃーんとわかってやってるんですよ。

6年生になって「いなほ」に戻ってきたユウマ君も一皮むけましたね。一人ぼっちにならなくなったんです。顔の表情も大分落ちついて、穏やかになってきましたね。言葉は出ないんだけど、一生懸命音声で伝達するようになったんですよ。顔と顔、目と目を向き合わせて、「にこっ」とするようになったの。

もしかしたら、健常児の子より、アイちゃんとかユウマ君というのは周囲をとてもよく観察しているかもしれませんね。目に映るものを目に映るように見ているのかもしれません。それと、園児やけやき組と一緒にいることで、自分のしたいことが見えてきたんですね。一人ぼっちに隔離されてたら、絶対にそんなものは生まれてきませんよ。それが園児たちにもいいんですよ。

こういうことは、けやき組を作らなかったら、わからなかったですね。

障害のある子でも、いくつになっても健常児の中でこそ、憧れながら、遅いけれども育っていくという。それは、やらなかったら、わからなかったと思いますね。

これまでは、卒園すると送り出すから、みんないなくなっちゃうものでしたでしょ。それが少ない人数ですけど、ずっと一緒に勉強するようになったから、さまざまなことが実感でわかりましたね。もしかすると、園児だけとか、小学生のある年齢だけとか限られた年齢だけを見ている教育者というのは見えないものが多いのではないかと思いますね。

けやき組を始めるまでは、私たちも卒園で手放して、あとは他人の手にゆだねるしかなかったんですよ。たまたまけやき組を作ってやってみたら12歳まで見ることになった。そして今度は中学部も。そういう意味では、卒園して小学校や中学校へいって、大人になって訪ねてくる子どもたちをつなぐ部分が初めて見えてきたんですね。これは大きいですよ。

そのことで園児に対する教育というか、対応が大いに変わりましたよ。

木だって育っていくときに段階があると思うんですね。人間もそうですよ。お母さんたちは見えるか見えないかは別にして、それをずっと見られるけど、私たちの場合には卒園で切られてしまってたから。

私たちの子どものとき、地域全体で子どもを見たりとか、学校の様子も伝達し合ったりとか、おまえのうちはこうしてたとか、そういうことがあったと思うんですね。隣のクラスへも、下のクラスにも子どもギャングみたいに侵入して行ったたって平気でしたよね。それでまた伝えられたりがあったけど、6・3・3制の中で、評価が点数方式になってきて、日常の生活というのは無視されたようになりましたから。段階ごとに分断されてしまったんですね。それがここではゼロ歳児から園児、小学生、中学までつながって、上も下も見えるようになったんです。

教育者は教育理論として、発達段階とかをきちんとトータルに区分けしながら、理論から柱立てをしているけど、私たちの場合、体験と実感から全部来ているから大きな違いだと思いますね。

保育園の役目というのは、就学時までの役目と今までは言ってますよね。だけど人間をどう育てようかということの一番基礎を、ゼロ歳から預かることで、きちんとしたいと考えたんですよ。でも6歳で手放さなきゃいけなくなるというジレンマがありました。

それが、たまたまこうなってゼロ歳から12とか、13歳まで見てくると違いますよ。

私たちは、子どものころに同じ道を経てきたからそれに気がつくんですね。

ああいうときは、上の兄ちゃんにやっつけられた。いじめる親分もいたとかね。でも、そのときにこうやってかばってくれた人もいたとか、私もちいちゃい子の面倒を見たとか、たくさんの冒険や、たくさんの出来事が、みんなつらつらとあるから、今あの子がしてるのは、あのこと、あのこと、と思って見られるけど、今、若い先生たちにはその実感がないから、子どもが見抜けないし、大変になるんでしょうかね。

教育者全員がゼロ歳児から大学までみんなやりなさいなんて言ってたら、これまたちぐはぐになっちゃうんです。でも、人間として、そういう実感で育ってくれば、どこの部分を担当されてもいいんでしょうけど、それがない上に、ある部分(年齢)だけ担当して、そこだけをやっているから、よけいにわからないんだと思うんです。

だから例えば、いたずらしたことが即悪だというふうに、いけない子だって決められてしまう。

悪い子?

先日こんなことがあったんですよ。

けやき組は、学校が休みのときは同じように休みになっているんです。休みの日には、学校というのは指導員みたいな人が地域を見て回るんですね。悪い子はいないかと巡回して。そしたらちょうど「けやき」の子が、文房具屋さんでおいたをしてたらしいんです。それを、巡回の人に見つかっちゃったらしいのね。学校に行かずにけやき組に来ている子でも、籍だけ地域の学校に置いているから、学校へ連絡が行って、そこからお宅のお子さんは文房具屋で非常に悪いことをしていると。ちゃんとしなきゃいけないと、それだけ言って帰るわけ。

1日も休まず「けやき」に来てるのに、一言ぐらい子どもに何か聞いてあげればいいのにと思うけど、そんなの一言もない。それがもう学校なんですよね。

私はね、それ聞いて「だれでも麻疹《はしか》にはかかるのよ。だれだってそういうのをやってみたいのって。いいの、そんなの、1、2回やったら、言ってあげれば。やったほうがいいのって。やりたくならないほうがおかしいと思うわよ」って言ったんですけど、お母さんは、もうショックでね。「人間、悪いことなんてやってみないとわからないんだから大丈夫ですよ」って私は言ったけど。

そこで思ったのは、麻疹にかかる時期だとかトータルでわからないから、その成長期のときに起こるいろいろなことを、全部、悪だ、悪だって決めつけられたらたまんないじゃないですか。それを言われたら今度は、余計隠れてやりますよ。

自分のことを思い出せば簡単な話ですよ。

ここなんですよね。良きにつけ悪しきにつけ、あのころこういうことやっちゃったなとか、ああいうころはだめだって言われても、飛んだり登ったり、まだ無理だって言われても挑戦したくてやったなとかね。

そういうことを体験できない人が先生になっているから。教頭や校長も若い世代ですね、40代ですね。その人たちが子ども時代をどう過ごしてきたかですよ。

みんなやってきたことないから、3歳ぐらいのおいたを大きくなってからしちゃうみたいなものだと思いますよ。

でもしたほうがいいんですよ、したことないんだからしょうがない。そんな年になってみっともないって言ったって、したことないから、やってみたらえらいことしちゃったって。

普通は、赤ん坊から大人に成人していくまでつき合うのは親の役目ですよ。だけど今、親は親のプロじゃなくなってしまっているから、言っちゃあなんだけど、私たちがプロの親みたいにして見てるんですよ。

今だったら胸が出るころとか、のど仏が出るころとか、そういったことはね、親は感じながら、こういうときは、あんまりまだ触れないでおいて、もう少ししたら言ってあげましょうとか、ごく自然に、あると思うの。そういうのがいっぱいあると思うんですね。ところが、それがないんですね。できないんです。

仲間で処理する問題とか、上下関係で処理してくれる問題とがあるんですね。

だから仲間と上下と、それから家族。自分たちは家族の中で育ちながら、それでまた仲間とともにもいるし、また外へ出れば上下もあったりね。いわゆる社会的な動物なのに、そういうものを持って秘めてるのに、出してもそれを受けとめられないから、ほんとに鬱積《うっせき》しちゃうんじゃないでしょうかね。わからないけどね。

そのほかにここには動物がいっぱいいるから、人間と似ているところと、まるで違うところと、よく見えてるんじゃないかしら。ここの動物はペットじゃない、生活している、生きている動物だからね。

表現したいことがいっぱいある子どもたち

ここの子どもたちは自分で判断しますよ。

基本的に、私たちは「自分で判断できる子どもを育てよう」が目的だから。それが生きることですから。

私はね、やっぱりほんとはそれだと思いますよ。だから私はね、園児もけやき組もすごく勉強してるんだというのがわかったんです。世間でいう勉強らしい勉強なんかほとんどしてないのに、ものすごく勉強してるんだということがわかったのね。

それはこんなことがあったんです。

マシュウちゃんが3年生になったわけですよ。「き」の字ではじまる文を書く日だったの。そしたらマシュウちゃん、「金星」のことを書きはじめたわけ。金星がどこの位置にあって、どのくらいの大きさで、どういう特徴でとかね。それは私が上の子に合わせて話していたことなんです。合同学習だから1年で自分は字の練習してるとき、3、4年生にしていた宇宙の話、惑星の話とかをちゃんと聞いてたんですね。

マシュウちゃん、一番遅いんですよ。3年生だけど字をつなげていくことがまだ大変なのね。だけど、もう金星のイメージと、自分の思うものがあるんです。いっぱいあるの。だからそれを書きたいんですが……なかなか思うようにはならないんですね。

みんなは書き終わっちゃって部屋から出て行ったから、誰もいなくなって。それでもまだやってるんですよ。みんなもマシュウはそのペースだから、何も言わないわけ。とにかく本人が終わるときが終わりって思ってるんです。みんな勝手に遊んでいて、誰もそこにいてあげるなんてお情けはないの。

マシュウちゃんは、本当に短い文章だけど、宇宙と自分の関係をいきいきと身近な思いで書いてるの。ほんと読んでもらいたいぐらいなんです。もうそういうのがぎっしりなんですよ、どの子のノートにも。

何を感じてるかというと、自分が毎日、今いる自分と自然界とのかかわりとか、そのことを書いてるんですよ。実感なんです。

これはね、ほんとは人間って全部そうだと思うんですよ。それが現代はそうじゃなくなっちゃったんですよね。だからつまらないんじゃないですか。自分がちゃんと感じた物を表現するんじゃなくて、ボタンを押して作っちゃうでしょう。型でしか考えられなくなっちゃってるんです。

だけどこの子たちはね、いつも渦巻くすべての、万物との、何か森羅万象の中にいる自分というのを無意識のうちに意識して、日々日々、意識していくんですね。そういうのを書くんですよ。感じ取ってるものが山ほどあるからみんないくらでも書けるの。

そういうふうに育てるのを学校でやろうとすれば、とっても大変だと思います。でも、そのようにちゃんと育ててあげればなるんですよ。稲の苗が、ちゃんとしたお米になるのと同じように、木が種から育つように、人間もそうなるんです。だからそこのところをはき違えちゃったんですね、人間は。この経済主義と商業主義の中で。

教育を技術だと思ってるからですよ。


例えば、今日この花を一つ書くと、次の日は違う花を書くんです。もう次の花へとんでいくわけですよ。必ず、今は春の段階だから春の花を、季節が変われば初夏のをずっと書くわけ。そのときは周りに何があるかも書くわけ。もうあきないのかしらと思うほど。

また次の日は違う花の名前を書いて、春が来て、夏が来て、秋が来て、冬が来て、また春が来るのですねって。だからそうやって循環しているものの中の、とどまることのない自分を感じてるんですね。そういうのって理屈じゃないと思うんですね。

うちの子たちは思いは山のようにあって、書きたいんです。字は覚えるのでなく、書きたいことがあって、一杯心にそれがあるから、文字が文章になっていくの。


それでマシュウちゃん、ずっとやってるんですよ。

私も忙しいでしょう。だからいろんなことやりながら、いつまでもいるけやき組の子に「何であんたたちおうちに帰らないの、帰ってください」って言ったら「だってマシュウがまだやってるんだもん」って。そのうち今度お母さんが来てね、じーっと庭で待っているわけ。それで、私がマシュウちゃんに「みんなも長く待ってるから、もうおしまいにして、あした続きやればいいから」って言うと、ウゥッ、ウゥッて、泣き出して。それでもやめないの。本人はやりたいのね。

こういう光景ってもうないでしょう。

でも昔、私たちのときには必ずそういう子っていたんですよ。自分にだって、そういう瞬間もあったし。できないから、遅くなったからって泣いてると思って気の毒がってるけど、そうじゃなくて、やりたいのにと思ってるわけですよ。こういうことが大事なんですね。ここではそういうふうに表現したい子が育つんですね。表現したいことがあれば、後はその方法を探せばいいんです。大事なのは感ずる心です。それをどう育てるか、それが私たちの仕事なんです。

もう30年近く前に、これを意識して、「いなほ」はゼロ歳から預かるということを始めたんですが、そのときから、小学生もできたら通しで全部できればいいなって思っていました。それは具体的にけやき組の姿を考えてたわけじゃないですよ。できるかどうかもわかりませんでしたし、自分がやるとかじゃなくてもいいからできたらと、それはもうずっと思っていました。あるべき姿だと思っていましたからね。

ただそれは、とても私のような分際ではできないからというのがあって、だれかが実践してくだされば、「いなほ」を卒園したらそこに上げて、入れてあげたいなというのはずっとあったですね。

どうしても根っこが大事で、それをしっかりさせたいと思ってきたわけですからね。たまたま、「けやき」を作ることになり、そうなりましたが、やってみたら子どもたちに教わることも多いし、保育に還《かえ》ってくるものも大きいですよ。子どもたちに憧れの姿や、理想の形が見えるというのもそうだし、私たちも卒園させた子の真の姿を見られますから、それはもう、いつも常に、どうすべきかを確かめながら、探っていくんでしょうね。これは完成も、終わりというときもないでしょうね。

卒園式が終わってもほっとする暇《ひま》はないですよ。もう新しいことが始まってますし、ゼロ歳の赤ちゃんたちもいっぱい入ってきましたし、けやき組も中学部も見ず知らずの道ですから。まだまだやらなくちゃいけないことがいっぱいです。でも楽しいですよ。

＊本書は『熱風』（編集・発行スタジオジブリ）の2007年2月号〜2008年6月号の連載をまとめたものです。

語りと学びの舎で会った日々

この本ができるまで塩野さんは、「いなほ」にたびたび、足を運んでくださった。園庭に入ると静かでおだやかなそのまなざしで、子どもたちの動きをしばらくご覧になってから、園の二階で、テーブルをはさんで〝いなほの子どもの暮らし〟の語り合いが始まりました。

いらっしゃるときは、よく自然界のおみやげを持ってきてくださいました。あるときは「はい、これっ」と何やら袋に入ったものをさし出されました。

「僕が川べりの草原を散歩していたら、なんだか誰かに、じっと見られている気がして。ふっと見たら、へびが僕を見ていて。目があっちゃったの。これ、そのへびのぬけがらよ」と、うれしそうに言われました。

なんともほほえましく、そのときの様子が生き生きと伝わってきました。

思いがけず鮭の遡上《そじょう》を目のあたりにした子どもたちが、産卵を終え、ウロコがボロボロになっていくその姿を見て「きれいだね」と言ったことをお話ししたときなど、命をかけて生き抜いたものの本当の美しさ、本質を見出している子どもの気持ちをすぐにわかってくださり、受け止めて聞いてくださいました。

ともかく、いつも話しているうちにことは、花、鳥、風、月、山川草樹、海、森、林、ひいては星々宇宙まで広がっていくのでした。また、子どもたちのうたや踊りの中には、古代人や今も少数民族が大切にしている自然へのあこがれ、畏敬の念から生まれた文化、芸術に連なるものがあること等々、果てしなく展開していきました。そしていつもそこには奢《おご》ることなく、人間と自然の共生を静かにじっと見つめ、移り行く時の流れに変化していく、万物の動きをつぶさにとらえていく塩野さんの慈愛《じあい》にみちたまなざしがありました。

私の背中はそれに押され、励まされ、困難があっても明るく希望的に「いなほ」で仕事をしていく力を生み出すことができました。

何よりうれしかったのは、その慈愛のまなざしで、いつも「いなほ」の子どもたちを見つめていてくださったことでした。

私はよき人に出会えたことの感謝でいっぱいです。

心から御礼を申し上げたいと思います。

２００９年３月

いなほ保育園
けやき小学部
代表　北原和子

北原和子
いなほ保育園　けやき小学部　代表

塩野米松
1947年、秋田県角館町(現仙北市)に生まれる。東京理科大学理学部応用化学科卒業。小説と職人の聞き書きを中心に執筆活動を行っている。主な著書に『木のいのち木のこころ 天・地・人』(草思社、新潮文庫)、『最後の職人伝』(平凡社)、『ペーパーノーチラス』(文藝春秋)、『ふたつの川』(無明舎出版)、故・氏家齊一郎氏(元日本テレビ代表取締役会長)の聞き書き『昭和という時代を生きて』(岩波書店)など。

いなほ保育園の十二ヶ月

2009年 4月24日　第1刷発行
2015年 4月 6日　第4刷発行

著　者　北原和子《きたはらかずこ》

聞き書き　塩野米松《しおのよねまつ》

発行者　岡 本　厚

発行所　株式会社 岩波書店
〒101-8002 東京都千代田区一ツ橋2-5-5
電話案内　03-5210-4000
http://www.iwanami.co.jp/

編　集　株式会社 スタジオジブリ 出版部
〒184-0002 東京都小金井市梶野町1-4-25
電話 0422-60-5630
編集担当 田居 因

印刷・製本　図書印刷株式会社

ISBN978-4-00-022169-6　　Printed in Japan